职业技能培训鉴定教材

ZHIYE JINENG PEIXUN JIANDING JIAOCAI

酒店管理师

（四级）

康乐经营类

主编 饶雪梅 贺湘辉 陈洁丹

主审 雅杰

中国劳动社会保障出版社

图书在版编目（CIP）数据

酒店管理师：四级——康乐经营类/人力资源和社会保障部教材办公室组织编写．—北京：中国劳动社会保障出版社，2009

职业技能培训鉴定教材

ISBN 978-7-5045-7904-1

Ⅰ.酒… Ⅱ.人… Ⅲ.饭店-企业管理-职业技能鉴定-教材 Ⅳ.F719.2

中国版本图书馆 CIP 数据核字(2009)第 090460 号

中国劳动社会保障出版社出版发行

（北京市惠新东街 1 号 邮政编码：100029）

出 版 人：张梦欣

*

北京人卫印刷厂印刷装订 新华书店经销

787 毫米×1092 毫米 16 开本 9.5 印张 176 千字

2009 年 6 月第 1 版 2009 年 6 月第 1 次印刷

定价：20.00 元

读者服务部电话：010-64929211

发行部电话：010-64927085

出版社网址：http://www.class.com.cn

内容简介

本教材由人力资源和社会保障部教材办公室组织编写，从职业能力培养的角度出发，力求体现职业培训的规律，满足职业技能培训与鉴定考核的需要。

本教材在编写中贯穿“以企业需求为导向，以职业能力为核心”的理念，采用模块化的编写方式。全书分为八个模块单元，主要内容包括酒店康乐服务管理概述、酒店康体项目管理、酒店娱乐项目管理、酒店保健休闲项目管理、酒店康乐促销管理、酒店康乐服务质量管理、酒店康乐部安全卫生管理、酒店康乐部人员管理等。每一单元内容在涵盖酒店管理师职业技能鉴定考核基本要求的基础上，详细介绍了本职业岗位工作中要求掌握的最新实用知识。

本教材可作为康乐经营类酒店管理师（四级）职业技能培训与鉴定考核教材，也可供中、高等职业院校相关专业师生参考，以及相关从业人员参加就业培训、岗位培训使用。

前　言

科技日新月异，我国产业结构调整与企业技术升级不断加快，新职业和新岗位也不断涌现，能不能拥有一批掌握精湛技艺的高技能人才和一支训练有素、具有较高素质的职工队伍，已成为决定企业、行业乃至地区是否具有核心竞争力和自主创新能力的重要因素。一些地区、行业、企业根据工作现场、工作过程中职业活动对劳动者职业能力的需求，纷纷提升人才培养规格与培养标准，从过去单一社会化鉴定模式向自主培训鉴定、企业业绩评价、职业能力考核等多元评价模式转变，从过去以培养传统技术技能型人才为主向培养技术技能型、知识技能型和复合技能型人才转变，职业培训与鉴定考核领域进一步拓展。为了适应新形势，更好地满足各地培训、鉴定部门及各行业、企业开展培训鉴定工作的需要，我们根据地方、行业和企业实际，组织编写了一批具有地方、行业特色，满足企业需求，或面向新职业、新岗位的职业技能培训鉴定教材。

新编写的教材具有以下主要特点：

在编写原则上，突出以职业能力为核心。教材编写贯穿“以企业需求为导向，以职业能力为核心”的理念，结合企业实际，反映岗位需求，突出新知识、新技术、新工艺、新方法，注重职业能力培养。凡是职业岗位工作中要求掌握的知识和技能，均作详细介绍。

在使用功能上，注重服务于培训和鉴定。根据职业发展的实际情况和培训需求，教材力求体现职业培训的规律，反映地方、行业和企业职业技能鉴定考核的基本要求，满足培训对象参加各级各类鉴定考试的需要。

在编写模式上，采用分级模块化编写。纵向上，教材按照职业资格等级单独成册，各等级合理衔接、步步提升，为技能人才培养搭建科学的阶梯型培训架构。横向上，教材按照职业功能分模块展开，安排足量、适用的内容，贴近生产实际，贴近培训对象需要，贴近市场需求。

在内容安排上，增强教材的可读性。为便于培训、鉴定部门在有限的时间内把最重要的知识和技能传授给培训对象，同时也便于培训对象迅速抓住重点，提高学习效率，在教材中精心设置了“培训目标”等栏目，以提示应该达到的目标，需要掌握的重点、难点、鉴定点和有关的扩展知识。

编写教材有相当的难度，是一项探索性工作，教材中存在不足之处在所难免，恳切希望各使用单位和个人对教材提出宝贵意见，以便修订时加以完善。

人力资源和社会保障部教材办公室

编者的话

随着我国进入 WTO 以及酒店业、旅游业的快速发展，对我国酒店业的行业规范与从业人员的管理规范已势在必行。传统酒店企业的组织和功能、管理理念、营销哲学、经营手段、服务方法等正在受到全面挑战，发生了重大变化。面对日趋激烈的市场竞争的挑战，酒店业发展的关键是人才。目前，酒店企业的管理人员在知识结构、技能水平、管理水平等方面还难以与迅速发展的酒店业相适应，因此，培养适应新世纪旅游业需要的酒店管理人才已经成为一个十分紧迫的问题。

为适应酒店业快速发展的需要，我国酒店管理师职业资格的建设必须有大的发展，培训教材必须与之同步。本教材旨在弥补我国酒店管理师职业培训教材建设的相对不足与滞后，满足职业培训教育和酒店行业管理对酒店管理师培训教材的需求。

酒店管理师系列职业技能培训鉴定教材共计 6 册，分为职业资格四级、三级和二级共三个级别，所含专业理论、工作内容和技能要求等依次递进，高级别包括低级别的要求。其中，四级对应于酒店领班、主管这一岗位，这一级别又分为康乐经营、前厅与客房管理和餐饮经营三个职业方向，以所在各部门具体业务管理知识和技巧为核心能力；三级对应于酒店部门副经理、经理这一岗位，以计划组织、人力资源、市场营销、服务质量和营运保障等为核心能力；二级对应于酒店部门总监、副总经理、总经理这一岗位，以战略决策、人力资源管理、财务管理、酒店品牌和集团管理等为核心能力。基础知识分册面向酒店管理师各个级别，阐述本职业必备的基本知识。

本系列教材按照突出应用性、实践性和针对性的原则编写并重组课程结构，力求反映职业技能培训教学内容体系发展方向；反映当前酒店管理培训的新内容，突出基础理论知识的应用和实践技能的培养；适应“实践的要求和岗位的需要”，不依照“学科”体系，即贴近岗位，淡化学科；在兼顾理论和实践内容的同时，避免“全”而“深”的面面俱到，基础理论以应用为目的，以必要、够用为度，尽量体现新知识、新技术、新方法。

本系列教材既体现了酒店管理方面的最新进展，又展示了酒店管理方面的技能规范和相关知识。其主要对象为准备从事和正在从事酒店管理工作的人员，也可供酒店行业和旅游行业的各层管理人员阅读和参考。

编　者

目　录

Contents

第 1 单元　酒店康乐服务管理概述

康乐是指人们为达到调节身心、恢复体力和振作精神的目的，在闲暇时间、一定场地和设施条件下参与的休闲性和消遣性的活动。酒店由客房、餐饮、康乐 3 个功能区构成。酒店康乐项目不仅为度假旅游的客人提供了休闲、娱乐、社交的场所，而且也为商务客人提供了健身、运动的基本条件。长期以来，康乐服务是酒店经营所不可缺少的内容。如今国内的一些星级酒店实现了功能的重新定位，有的酒店康乐部甚至已成为酒店投资、收益的重要一环。酒店日益丰富的康乐项目，大幅度增加的康乐场所，对康乐服务人员尤其是高水平人员的需求量迅速增长，无形中也推动了康乐服务行业的发展，同时提高了对康乐服务管理人员的要求。

第一节 酒店康乐概述

培训目标

- 掌握康乐项目的类型及特点
- 了解康乐活动的产生与发展
- 正确认识康乐服务在酒店中的地位与作用

一、康乐项目的类型及特点

1. 康体休闲项目

康体休闲是指人们借助一定的健身设备、设施和场地，通过参与来调节其心情，促进身心健康，达到休闲、交友目的的具有健身功能的体育活动。康体休闲项目的设置必须依赖于特定的现代化的设施和场所，如健身器材、游泳池、运动场等。康体休闲既要达到特定的锻炼身体的效果，又要达到消遣、放松的目的。

（1）康体休闲项目的类型。康体运动休闲项目主要包括健身器械运动、游泳运动、球类运动、户外运动等。其中健身器械运动分为心肺功能训练项目、力量训练项目等，游泳运动有室内游泳项目、室外游泳项目；球类运动包括保龄球、壁球、高尔夫球、网球、台球等，户外运动目前主要包括骑马、划船、狩猎、登山等。

（2）康体休闲项目的特征

1）设备的质量是经营的基础。健身服务的核心是给客人提供康乐设备和运动场地。无论是健身器材，还是其他健身设备都应选择高规格、高质量的。这一方面可以提供给顾客充分舒适的享受，另一方面还可以降低设备的故障率，保证经营的连续性，减少维修费用。

2）服务项目配套是经营的保证。康体休闲项目在设计时，应根据酒店实力和顾客需要提供配套服务。这不仅包括每个项目的内部完善，如休息室、水吧服务、洗浴及按摩、餐厅等配套项目，还应使各种康体项目互相配套、互补，这样康体经营项目就会成为酒店的主要营业收入来源。

3）提供运动技巧指导性服务。顾客的参与是康体休闲的基本要求，然而，康体运动需要有较强的消费技能，这就或多或少地要进行技术性指导。因为客人的消费层次、文化层次有一定的差异，对体育、健身项目种类的熟悉程度也不同。尤其是一些进口设备的操作方式，如带有电脑显示器的体育器材，包括自行车电脑显示器、心脏跳动显示仪等；此外，还有保龄球、台球的基本游戏技巧，有些顾客比较生疏。这都需要服务员提供耐心、正确、优质的指导性服务，以使一些不能掌握器材使用技能的客人能正确地使用器材，引起顾客的兴趣，提高顾客的参与率。

2. 娱乐休闲项目

娱乐是指在一定的环境或设施的条件下，客人通过参与一定形式的或自助娱乐形式的文娱活动，得到精神上的满足。

(1) 娱乐休闲项目的类型。娱乐休闲项目包括的范围比较广，我们日常生活中的歌舞类项目（KTV、迪厅等）、游戏类项目（电子游戏、棋牌游戏等）、视听阅览类项目（闭路电视、背景音乐、书报阅览等）、表演类项目（乐器演奏、歌舞表演等）都是娱乐项目类型。

(2) 娱乐休闲项目的特征

1) 环境和氛围是康乐经营的基础。娱乐活动的场所应高雅、洁净且具有一定文化品位。娱乐活动场所吸引顾客的主要因素是环境和氛围。内容丰富、品位较高的娱乐项目和洁净高雅的娱乐场所环境不仅能给客人带来愉悦的心情，而且也会给客人带来宾至如归的感受。客人的光顾就是为了享受其环境，所以营造娱乐氛围至关重要。

2) 自娱自乐是娱乐活动的主要形式。很多娱乐项目都要求客人主动参与、自我表现，以达到娱乐的目的。另外，由于现代人大多生活压力大，工作节奏快，很多客人希望在参与娱乐活动的过程中通过自助娱乐达到某种心理或生理上的放松和满足。

3. 保健休闲项目

保健休闲是指顾客在一定的环境和设施中享受既有利于身体健康，又可以放松精神、陶冶情操的轻松愉快的休闲方式。

(1) 保健休闲项目的类型。保健休闲项目的类型目前主要包括洗浴桑拿、按摩保健、护肤美容等几类。具体又可细分为足疗、搓背，药浴、淋浴、温泉浴、蒸汽浴、桑拿浴，人工按摩、设备按摩和美容、美发等。

(2) 保健休闲项目的特征

1) 专业人员是保健服务的基础。无论是按摩、搓背，还是美容、美发都需要有受过专业训练并取得上岗资格证书的人员来提供服务。专业人员水平的高低不仅关系到服务质量的好坏，而且直接影响到项目经营的效益。

2) 良好的卫生条件是保健休闲服务的保证。保健休闲大多是直接接触顾客身体的服务项目，卫生条件对顾客的健康来说显得尤为重要。无论是客人用的物品还是服务设施都应经过严格的消毒，同时专业服务人员也要做好个人卫生。

3) 确保顾客安全是保健休闲服务的出发点。无论桑拿、按摩、美发还是护肤都应把顾客安全放在首位。在经营服务过程中因服务操作失误或因康乐设施故障对顾客造成伤害，酒店都负有不可推卸的责任。

二、康乐活动的产生与发展

1. 康体类项目的产生与发展

（1）游泳运动的产生与发展。游泳是一种水上运动，它运用头部、躯干、手臂、腿的动作，使身体自由地在水中活动或游进。游泳主要包括竞技游泳、实用游泳和花样游泳等。

现代游泳运动起源于英国。据史料记载，17 世纪 60 年代，英国不少地区的游泳活动就开展得相当普遍。随着游泳活动的日益普及，1828 年，英国人在利物浦乔治码头修造了第一个室内游泳池。在现代游泳产生和发展过程中，逐渐形成了自由泳、仰泳、蛙泳和蝶泳等泳姿，而且成为康体休闲的重要项目之一。

（2）高尔夫球运动的产生与发展。高尔夫是一项古老的贵族运动，它起源于 15 世纪甚至更早时期的苏格兰。相传当时牧羊人放牧闲暇时，用木板玩游戏，将石子击入兔子窝或洞穴中，久而久之形成了使用不同的球杆并按一定规则击球的玩法。苏格兰地区冬季非常寒冷，每次出去打球时，每人总爱带一瓶烈酒放在后口袋中，每次发球前先喝一小瓶盖酒。一瓶酒 18 盎司，而一瓶盖正好一盎司。打完 18 个洞，酒也喝完了，也该回去了。时间长了，很多人便认为打一场球必须打 18 个洞。

17 世纪，高尔夫球被欧洲人带到了美洲，19 世纪 20 年代又传进了亚洲。1896 年，中国上海高尔夫俱乐部成立。1985 年 5 月，中国高尔夫球协会在北京成立。

（3）保龄球运动的产生与发展。保龄球是英文“bowling”的音译，又叫“地滚球”，最初叫“九柱戏”。保龄球在公元 3—4 世纪起源于德国，是一种在木板球道上用球滚击木瓶的室内体育运动。“九柱戏”是现代保龄球运动的前身，最初，它只是天主教仪式活动的一个组成部分，作为用来测量教徒是否虔诚的尺度。到了 13 世纪，英国人开始在草坪上玩保龄球，当时的目标仅有一个木桩和一个圆锥体。到了 14 世纪，这种游戏在英国蓬勃发展，目标由 1 个柱子增加到 9 个柱子，英皇爱德华三世唯恐此项活动会妨碍箭术的练习，下令禁止“九柱戏”游戏。此后在相当长的一段时间里，受禁的保龄球成为一种赌博形式盛行于地下的私人酒吧里。到了 19 世纪中叶，马丁·路德还专门对这种运动的玩法、球和瓶的大小作了统一的规定。他规定将 9 个瓶排列成菱形，用大软球投击瓶子，一直投到瓶子被全部击倒，谁投球的次数少谁就得胜。从此，九瓶式保龄球开始风行欧洲，特别是在德国和荷兰。

1895 年 9 月，美国保龄球协会（ABC）成立。为了便于球瓶被连续击倒，这个协会决定将保龄球排列的钻石形状改为倒三角形的排列形状，并制定了标准的保龄球用具及其他有关规则，此规则一直沿用至今。从此，保龄球运动成为一项正式的体育运动。

（4）台球的产生与发展。台球是在 14—15 世纪由欧洲人发明的一项室内运动。早期的台球是用黄铜和木材制造的，后来改用象牙。一颗象牙平均可制造 5 个球，而且制造出来的球还需挑选质量和大小相同的才可以使用。当时仅这方面每年就需要上万只大象的象牙。象牙的价格十分昂贵，这自然就使得台球仅成为贵族或有钱人的娱乐活动。台球发展到了 19 世纪，在技术上和球台工艺上都有了很大进步。绿色台布下原来是木质台面，从 1827 年改为沿用至今的石板台面。到了 1835 年，弹性良好的橡胶台边取代了弹性较差的木质台边。此后，台球作为高雅的康乐活动，受到了人们的欢迎。不仅很多酒店都有台球厅，各地民间台球厅也纷纷开业，带来了台球运动的繁荣。

（5）网球运动的产生与发展。现代网球运动一般包括室内网球和室外网球两种形式。网球运动最早起源于 12—13 世纪法国传教士在教堂回廊里用手掌击球的一种游戏。到了 14 世纪中叶，法国的一位诗人把这种球类游戏介绍到法国宫廷中，作为皇室贵族男女的消遣。当时的游戏场地是宫廷内的大厅，没有网也没有球拍，球是用布卷成球形后用绳子绑成的，在场地中间架起一条绳子为界，利用两手作球拍，把球从绳上击来击去。这种游戏法语叫做“tennis”，英语叫做“take it play”，今天“网球（tennis）”一语即来源于此。不久，木板的球拍被用来代替两手击球。

大约在 1358—1360 年之间，这种球类游戏从法国传到了英国，并逐渐成为英国上层社会的一种娱乐活动，所以网球有“贵族运动”之雅称。

现代网球运动的历史是从 1873 年开始的。那一年，英国人沃尔特·克洛普顿·温菲尔德将早期的网球打法加以改进，使之成为夏天在草坪上进行的一种体育活动，并取名“草地网球”，温菲尔德成了“近代网球的创始人”。此后网球便成为一项室内、户外都能进行的体育项目。1876 年，英国一些著名的网球运动俱乐部代表经过多次协商，对网球运动的场地、设备、打法和比赛等方面制定了一个统一的规则。

（6）壁球运动的产生与发展。壁球是一种近年来开始流行的网球派生运动。其打球规则与网球极为相似，所不同的是双方不像网球那样隔网交战，而是并排站立，面向墙壁用力击球，待球反弹后由对手接击。由于壁球房占地面积比网球场小得多，加之该项运动在室内进行，不受气候影响，它一出现就受到了人们的喜爱。

真正意义上的壁球是由英国著名的贵族学校——哈罗公学的学生发明的，时间约在 1830 年。哈罗公学的学生们虽身为贵族子弟，却过着囚徒般枯燥的住校生活，于是，一种对墙击球的室内运动被发明并流行开来。因球在猛烈触及墙壁时发出类似英文“squash”的声音而得名，即现今公认的壁球名称。这一娱乐健身运动很快在学校中流行开来，1864 年，第一块专用打壁球的场地在哈罗修建，这也成为该运动正式创立的标志。随着 19 世纪末英国的对外殖民扩张，壁球被英国人带到了英联邦国家，并迅速在世界范围内传播。

2. 娱乐类项目的产生与发展

（1）夜总会的产生与发展。夜总会的前身是带有曲艺表演的酒楼、茶肆。在大酒店时期，西方人将歌舞、器乐、魔术杂技、插科打诨等综合在一起在酒店中演出。20 世纪初，这种娱乐形式传入中国，在北京、上海等城市颇为流行。后来又融入了时装表演、民俗风情展示等表演项目，成为人们夜间娱乐休闲的形式，而带有这些表演项目的场所也称为夜总会。

（2）舞厅的产生与发展。舞厅分为交谊舞厅和迪斯科（disco）舞厅两种。交谊舞厅最初流行于中世纪的西方宫廷，后来成为现代社会的一种交际场所，无论乐曲还是舞步都以浪漫、优雅为主。迪斯科是 20 世纪后期从美国兴起并流行于世界的，其舞曲以节奏强烈、震撼人心为特色，舞步没有任何规定，参与者可以完全放松，做各种新奇夸张的动作，用极大的体力消耗来达到一种宣泄和放松的目的。

（3）卡拉 OK 的产生与发展。卡拉 OK 于 20 世纪 70 年代起源于日本。“卡拉”在日语中是“空”的意思，“OK”是日语外来语 orchestra（英语“乐队”）的汉语音译。卡拉 OK 的本意是“为练唱者准备的空伴奏”。由于卡拉 OK 设备简单，容易操作，能自娱自乐，一问世就受到大众喜爱，继而传入欧洲，风靡全球。现在的卡拉 OK 经营形式已经发展成为 KTV 形式，分为普通 KTV 和量贩式 KTV。量贩式 KTV 又称“自助式 KTV”，即自助购物，自点自唱，为近几年最为流行的卡拉 OK 经营形式。

（4）围棋活动的产生与发展。围棋活动起源很早。我国先秦史官所撰《世本》称“尧造围棋，丹朱善之”。近世出土的古代陶器残片有围棋方格造型，棋路与现今规则相比较少，但已粗具规模。西汉扬雄的《方言》有“围棋谓之弈。自关而东，齐鲁之间，皆谓之弈”一语，反映当时围棋已广泛流行。围棋在隋唐时传至日本，明治维新后围棋在日本获得很大发展，成为日本开展最广泛的棋种之一。19 世纪围棋传至欧洲，到 1982 年，亚洲、欧洲、北美洲开展围棋活动的国家达 30 余个。

（5）中国象棋的产生与发展。中国象棋是中国的传统棋种，由中国古代博弈发展而成。战国《楚辞·招魂》即有“蔽象棋”一语。唐宝应年间（公元 762—763 年）出现宝应象棋，其规则已与现行规则接近。唐及北宋又有象戏、橘中戏等称谓。南宋时，规则已与现行规则完全相同。明清两代，象棋名家辈出，有大量棋谱刊印。新中国成立后，中国象棋成为群众性康体项目之一。

（6）国际象棋的产生与发展。国际象棋是一种国际通行棋种，它起源于公元 5 世纪古印度的“恰图兰卡”。当时仅有战车、象、骑兵和步兵 4 种棋子，反映了古印度军队的兵种组成情况。6 世纪传到伊朗，称“沙图兰克”。约 7 世纪传到阿拉伯国家，称“沙特拉兹”，其棋盘、棋子与现代国际象棋已趋于一致，但规则有所不同。“沙特拉兹”由阿拉伯传到西欧，15 世纪末演变为现代国际象棋，但其规则到19世纪中期才完全统一。国际象棋正式世界冠军赛始于1886年，1924年国际象棋被列为奥林匹克比赛项目，并成立国际象棋联合会。

（7）桥牌运动的产生与发展。纸牌游戏早在9世纪就已在中国出现。桥牌运动是纸牌游戏的一种。它的前身是17世纪起源于英格兰民间的惠斯特牌戏。经过惠斯特、桥牌惠斯特、竞叫式桥牌和定约式桥牌4个发展阶段，现在流行于世界各地，并成为体育运动比赛项目之一。

（8）电子游戏的产生与发展。电子游戏是酒店中游戏的主要内容，它是在现代化的电子游戏机上由人控制的、运用智力与反应能力达到阶段目标的游戏活动。这种现代化游戏利用电子芯片和程序设计成各种娱乐性、对抗性游戏活动，它以其极具挑战性的设计和仿真效果得到了很多人的喜爱，不仅能迷住儿童，就连中青年、老年人也有可能被迷住，甚至达到流连忘返、乐不思蜀的地步。

3. 保健类项目的产生与发展

（1）桑拿浴的产生与发展。“桑拿”是芬兰语，原意是指“一个没有窗子的小木屋”，这样的称呼可能与桑拿的起源有关。

古典桑拿在古罗马产生以后，相邻的北欧由于气候寒冷，北欧人为了出汗就接受了桑拿浴这种使人大汗淋漓的方法。芬兰人烧热用石头砌成的火炉，然后在旁边洗澡。洗澡水溅到灼热的石头上，会产生一股股蒸汽，在蒸汽中，人们觉得非常舒服，桑拿浴由此逐渐发展而成。在此基础上，桑拿浴的设备和洗浴方式得到不断改进。干桑拿浴从芬兰传入我国，因而叫芬兰浴。

湿桑拿浴又称土耳其浴，最早起源于西亚的安纳托利亚地区。当时的土耳其人接触到东罗马人的洗浴方式，人们将东罗马人用大理石修砌的浴池与穆斯林的净身以及对用水的崇敬方式融合，形成了一种新的洗浴方式，即“土耳其浴”，并渐渐演变成为土耳其人一种日常生活习俗。

桑拿浴在全世界范围内传播开来要归功于体育运动。1924年巴黎举行奥林匹克运动会时，芬兰的桑拿屋厂家设计制作了一个设施齐全的桑拿屋，并把桑拿屋用船运到巴黎奥运村的一棵栗树下，让芬兰队和在国内一样有自己的桑拿屋。结果，芬兰赛跑运动员在这次大赛上取得了佳绩，于是，他们洗桑拿浴的故事便在全世界传开来。

（2）美容的产生与发展。美容在我国已有悠久的历史。《战国策》中记载：“春秋时周郑之女，粉白墨黑，玄于衢闾。”即用白色粉末敷面，青黑颜料画眉。中国在汉代就有了各种化妆品，有些古方一直流行到现在。汉代以后，开始出现了“粉妆”“妆饰”等词汇。从出土文物来看，最早有意识地使用化妆品来装饰个人的是古埃及人。1999年6月18日至8月20日，“大英博物馆藏古埃及艺术珍品展”在上海博物馆举办，展出的珍品中有一件跪姿少女化妆瓶，高7.9厘米，底长6厘米，传说源自底比斯，时间为第12王朝，约公元前1900年至公元前1800年。鸭形化妆匙，长17.7厘米，高6.3厘米，时间为第十八王朝，约公元前1350

年至公元前1300年。法国一家化妆品公司和法国博物馆研究所合作，对保存在罗浮美术馆的49个装有化妆品的坛子进行了分析，并成功再现了制造过程。研究表明，古埃及的化妆史可追溯至约公元前6000年的先王朝文明时期。古埃及人在矿物颜料中按不同比例掺入作为黏合剂的动物脂肪和蜜蜡，制成分别用于描眼睑、粗线和细线以及进行眼部化妆的化妆品。无论是粉末还是膏体，重现后的古埃及化妆品的质感与当代化妆品有着惊人的相似之处。古埃及人已经掌握了化妆的化学知识，眼用化妆品不仅被用于眼部化妆，还可预防和治疗眼病。古埃及化妆艺术已十分发达，它不仅用来装点人们的日常生活，还被赋予宗教的含义。从存留至今的化妆用品来看，主要为装载香油和香膏的容器、装载眼线膏的容器以及镜子。古埃及的化妆用品多用木头、象牙等材料制成。

在欧洲，19世纪70年代已开始出现美容院。面部美容通常以眉、眼、唇等部位为重点，具体可分为粉化妆、油彩化妆、眼的化妆、眉的化妆、唇的化妆等。随着新化妆品的出现及化妆技术的不断进步，又有了透明化妆。

(3) 美发的起源与发展。在欧洲，古希腊罗马时代已有理发店出现，古代和中世纪的理发师同时是外科医师，他们有时被称为“短袍医生”，以区别于受过高等教育的“长袍医生”。古希腊已兴假发，相传由古波斯传入。19世纪上半叶以来，除化装和医疗等需要外，戴假发的时尚逐渐消失。19世纪末，培养理发师的学校开始出现。20世纪20年代，女子烫发服务开始兴起。

我国理发历史悠久。《仪礼·士昏礼》记载：“女子许嫁，笄而醴之，称字。”在春秋时，人们已使用“笄”来盘发束髻。唐代妇女盛行梳高髻、插镏金玉等装饰，对头发式样颇为讲究。宋代以后，人们沿袭唐代风尚，并在盘髻的式样及头饰等方面有一定的发展。到了明代，已出现了专门的“整容匠”，为人们整容梳头。清朝初年，统治者迫令人民剃头梳辫，社会上出现手持铁夹沿街敲击为人剃头的流动理发担子。随后，部分理发担子发展成为固定的剃头店。康熙年间，理发已形成独立的服务性行业。1920年，上海“一乐也”理发店首先引进国外烫发设备，开展女子烫发业务。

三、康乐项目在酒店中的地位与作用

1. 康乐项目是酒店等级的重要标志

按照旅游酒店星级评定规格与标准，康乐部是四星级、五星级旅游酒店不可缺少的部门。不具备较好、较完备的康乐设施的旅游酒店，无论在其他方面如何优越都一概不能被评为四星级、五星级酒店，由此可见，康乐部在高级旅游酒店中的地位是何等重要。

中华人民共和国国家旅游局颁布的《旅游涉外酒店星级评定标准》中规定，四、五星级酒店必须具备歌舞厅、棋牌室、影剧院、健身房、按摩室、桑拿房、游泳池、保龄球房、网球场、壁球房、台球房、电子模拟高尔夫球场、乒乓球房、美容美发室、独立的书店、独立的鲜花店、多功能厅、儿童娱乐室。

2. 康乐项目是某些类型酒店的必备条件

西方国家的"度假型酒店""公寓式酒店"都明文规定要有健身、娱乐设施。如长住式酒店，除向长住客人提供正常的酒店服务项目即客房服务、饮食服务等外，还向客人提供健身和康乐中心等服务。度假型酒店除了提供一般型酒店所应有的一切服务项目以外，最突出、最重要的项目便是它的康乐中心，例如，室内保龄球、台球、网球，室内外游泳池、音乐酒吧、咖啡厅、迪斯科酒吧（disco bar）、水上游艇、碰碰船、水上漂（water skin）、电子游戏厅及美容中心和礼品商场都是不可缺少的。大型酒店一般拥有 500～1 000 间或更多的客房，除具有常年室内温度适中的中央空调系统外，还必须拥有健身设施、康乐设施、室内外游泳池、网球场、迪斯科（disco bar）舞厅、音乐酒吧、闭路电视等康乐设施与服务项目，有的客房内还设有"付费点播"电视服务系统、音响系统。

3. 新颖的康乐项目是吸引客源的重要手段

酒店竞争的重要优势就是具有自己的特色。要以服务项目、设备功能以及价格、营销方式为特色吸引客源，仅提供一般食宿功能的酒店在竞争中的优势是有限的。因此，酒店要依靠增加康乐项目、改善康乐设施条件或开设独特的康乐活动在竞争中取胜。据不完全统计，酒店所在地区有 70%的青年人喜欢到这些酒店的对非住宿人员开放的康乐中心去玩乐。而对于那些住宿的客人来说，参加康乐活动也是必不可少的活动之一。

4. 康乐项目可以延长旅客停留时间，增加酒店收益

酒店康乐项目不仅为度假旅游的客人提供了休闲、游玩、社交的场所，而且也为商务客人提供了健身、运动的基本设施。酒店具有特色的休闲、康乐项目，丰富酒店内容，形成了酒店特有的市场吸引力，如商务酒店的客房新增交互式多媒体游戏、卡拉 OK 点播、网上博弈、视频点播、收费电视、音乐与剧场转播、频道租用等康乐项目，可提高客房入住率，延长旅客的停留时间，增加酒店收益。

目前，在我国的一些宾馆酒店，康乐部的规模越来越大，并与客房部、餐饮部并列成为酒店创收的主要部门，甚至在有些酒店，康乐部已超过其他部门，成为酒店第一大部。

第二节　酒店康乐项目的设置

培训目标

→ 了解康乐项目设置的原则和依据

→ 熟悉酒店康乐服务与管理的任务

一、康乐项目的设置原则

1. 综合效益的原则

现代企业在设置康乐项目时不应该只考虑经济效益，也应该考虑社会效益和企业的可持续发展，此称为综合效益。在设置项目时，要看到该项目为社会带来的影响如何，其是否丰富人们的文化生活，是否有利于人们的身心健康，是否为本社会、本地区带来良好的社会风气。不能一味追求经济效益，更不能为了高额的利润而开展那些低级的活动。康乐业必须在国家有关法律、政策的指导下，运用各种积极、健康的经营手段，创新经营内容，吸引顾客，取得社会、经济效益和企业可持续发展的最佳综合效益。

2. 满足目标客人需求的原则

现代康乐项目发展迅速，种类繁多，不同客人对康乐项目的选择各不相同。例如，青年人喜欢光顾迪斯科舞厅、卡拉 OK 厅，喜欢玩保龄球、台球，女性喜欢健身、美容等。单个康乐企业是很难包罗万象的，所以应该根据目标客人的层次、消费习惯、喜好、消费水平等多方面的因素来选择经营既有文化品位又受客人欢迎的康乐项目，以此来提高企业的赢利水平。

3. 突出经营特色的原则

任何康乐企业在项目设立时，都应该考虑将地区的民族特色和传统特色文化与现代康乐活动结合起来，形成全新、独特的娱乐方式来吸引消费者。在引进项目时，以高档次、高消费、大规模来突出特色；也可以以特殊的、有创造性的服务方式吸引客人，从而达到提高企业竞争力的目的。

4. 因地、因店、因时制宜的原则

康乐项目是酒店特色经营的体现。酒店实施差异化经营战略关键在于推出不同于竞争对手的特色产品，为顾客创造更多的价值，而康乐项目正是酒店彰显个性、突出风格、体现酒店的独特性的重要内容，有利于形成具有特色的酒店品牌，并最终赢得市场的认可。这样将引导酒店在提供基本康乐服务项目的同时，因地、因店、因时不同而选择特色服务项目，从而形成特色的经营。例如，对于商务型酒店而言，由于客源大多为商务客人，其地理位置多在市中心、交通比较便捷的位置，这也就决定了这种酒店没有过大的空间。因而，商务型酒店的康乐项目只能选择占地面积比较小的项目，如健身房、保龄球馆、游泳池、乒乓球室以及为了满足日益增长的高尔夫爱好者的需要，可以建造室内的模拟高尔夫球场；而对于度假酒店和主题酒店来说，客源多为旅游度假的客人，因此，其地理位置通常选择在市郊比较偏僻、安静的地方，以便给客人提供更高质量的休息。由于酒店建在地域宽广、僻静的地区，通常都会有充裕的空间供其利用。因而，其康乐项目的选择与设置通常以高尔夫球练习场、射击场或射箭场、溜冰场等为主。寒冷地区的酒店一般不宜建室外游泳池，这是因为受气候和季节的影响，室外泳池一年中只能在 6—8 月这 3 个月开放，利用率较低。市场的运作机制是优胜劣汰，而竞争压力将始终驱使酒店合理选择康乐项目，实现资源的优化配置。

二、康乐项目的设置依据

1. 市场需求

从市场总体来看，消费者的需求不可能得到完全满足，总会有一些未被满足的需求。另外，消费者的需求也会随着市场的发展、环境的变化、时间的推移而不断变化，市场需求会随着人口、经济收入、文化、竞争规模、商品供应量和价格、资源开发的变化而变化。过去我国旅游业能够提供的康乐项目很少，满足不了客人的需求。客人除了要求住得好、吃得好之外，还需要娱乐和健身。为了满足客人的需求，各旅游企业引进酒吧、闭路电视、台球、保龄球、高尔夫球、网球、卡拉 OK 厅、夜总会等康体娱乐项目，因此，康乐项目的设置首先是为了满足市场的需求。在具体确定市场需求时，还要分析每个服务项目的市场需求量，即服务项目利用率的高低，防止因某个项目的规模和接待能力过大或过小而影响酒店经济效益。

2. 资金能力

康乐项目的设置应该依据投资者投入的资金情况量力而行。建设一个综合性娱乐项目所需的资金可能和建一座相当规模的酒店所投入的资金差不多，但建一个规模适度的康乐部则不需要过多资金。因此，投资者、设计者要心中有数，使有限的资金发挥到极致。

3. 客源消费层次

康乐设施的设置要在调查的基础上根据客源层次及其需求决定，市场定位要准。如企业所面对的市场主要是商务客人，则应该考虑其需求，设置一些高档次、高消费的康体设施，如高尔夫球等；如果是工薪阶层，则应选择一些大众化、低消费的康体设施，如乒乓球等。

4. 客房接待能力

一般情况下，从康乐企业或酒店客房的接待能力可以推断出其康乐设施的接待能力，这种情况只针对接待住店的客人而言，但若也接待店外客人，就要考虑市场半径之内的客流量，并以这个客流量为依据决定康乐设施规模。

5. 康乐项目的发展趋势

随着人们物质文明和精神文明的提高，对康乐活动的需求和要求也越来越高，这就促进了康乐业的发展。因此，在设置康乐项目时，应关注康乐业的发展，适时推出能赶上潮流、让消费者满意的康乐项目，使企业获得最大的效益。

三、康乐服务与管理的任务

1. 提供能满足消费者娱乐需求的产品和优质的服务

娱乐的需求是客人在满足基本生理需求以外的一种高层次的需求，也是现代人不可缺少的一种需求。由于客人需求的多样性，酒店康乐部门应尽可能地开设丰富多彩的娱乐项目，并提供优质的服务以满足不同客人的不同需求。例如，为了满足客人运动和健美的娱乐需求，可开设健身房、游泳池、网球场、高尔夫球场、台球厅、保龄球馆和美容美发室等。在设立娱乐项目时要注意：

第一，要注重精神文明，不要设立那些腐朽的、对社会有腐蚀作用的项目。

第二，要有发展眼光，善于发掘那些有新意的项目。

第三，必须守法经营，不要违反政府的有关政策、法规。

2. 满足客人卫生和安全的需求

做好康乐设施的安全和卫生工作，满足客人安全和卫生的需求，为客人提供一个安全、洁净、优雅的康体娱乐环境是酒店及康乐企业的基本任务之一。从安全方面来看，任何一项活动都可能存在着不安全因素，例如，打保龄球可能有滑倒、摔伤或扭伤的危险，这就需要服务人员时刻注意客人的活动情况，及时提醒客人注意按照安全，规范参与康乐活动。别外，随着客流量的增加，康乐设施的使用次数增加，设备的损耗就随之增大，由于设备的原因而产生的不安全因素也会增加。如果不注意设备保养和安全检查，就有可能给客人带来不必要的伤害。在卫生方面，要求经常做好场地的坏境卫生和设备清洁工作。设备由于使用频繁，因此要经常清洁和消毒。此外，还要注意严格控制噪声，积极采取措施，降低噪声强度；经常通风和消毒，保持空气清新，使各项指标符合卫生防疫部门规定的标准。

3. 扩大营业收入，提高创利水平

不论是独立的大型康乐企业，还是酒店的康乐部，其最终目的都是为企业获取最大的效益，因此，扩大营业收入，提高创利水平就成为其最主要的任务。在人们对健康娱乐活动需求日益增大的今天，酒店及康乐企业的某些康乐项目就成为企业扩大收入、增加利润、增强竞争力的重要手段。各企业应广泛进行市场调查，抓住客源市场，有针对性地开发出新的康乐项目，并进行大量的宣传和促销，为企业创造出最大的经济效益。

4. 为树立企业的高品质形象服务

企业的形象主要包括硬件和软件两方面，树立企业的高品质形象，必须从这两方面来努力。树立康乐企业的硬件形象应注意完善各项康乐设备、设施的先进性和功能的齐全性，各康乐场所的设计、装潢、布置要新颖、合理、美观；要能及时提供最新、最酷、最炫的康乐活动项目和信息，带领时代潮流或与时代同步，树立本地区最前沿场所的形象。软件形象主要包括管理和服务两方面。

酒店及康乐企业的管理者应具有良好的艺术修养、专业知识和美学知识，有对美的追求和独特的品位；熟知康乐业的发展动态和经营方向，能运用科学的管理方法管理本部门或本企业；制定规范的服务程序，不断提高员工的素质。服务员也应有良好的个人修养，不断强化专业知识，经常进行专业训练，平等待客、以礼待人，及时为客人提供他们所需的服务等。总之，树立企业的高品质形象是酒店及康乐企业的最终目的。

第三节　康乐部组织机构

培训目标

- 了解康乐部组织机构设置的原则
- 认识康乐部的组织形式
- 了解康乐部工作人员的素质要求

一、康乐部组织机构的设置原则

在设置康乐组织机构时，应遵循以下原则：

¤组织机构和岗位要适应经营任务的需要。

¤决策执行机构要适应领导管理能力和环境的需要。

¤各分部、各岗位职权分配时要注意权责一致。

¤上级对下属的领导要做到命令统一、指挥协调。

¤管理层次多少取决于管理幅度，管理层次应与管理范围适应。

¤按照专业化分工原则划分机构。

¤利用直线职能制来处理各岗位分工合作关系。

二、酒店康乐部的组织形式

我国酒店的管理一般采用“直线—职能制”，其特点是把所有部门分为两大类，即业务部门和职能部门。业务部门按等级链的原则设置，实行直线指导，“直线制”由此得名，它们是酒店的前厅部、客房部、餐饮部、商品部、康乐部等。职能部门是为业务部门服务的部门，是执行某种管理职能的部门，它们是财务部、人事部、总务部、工程部等。我国大多数康乐组织形式为酒店中的一个业务部门——康乐部，因此，实行直线管理。康乐部作为酒店的一个业务部门，它的机构设置原则与其他业务部门大致相同，重要的是要根据其经营管理的要求设置职务，因为各项目的要求是不同的。下面列举几例以供参考：

1. 隶属机构形式

有的酒店把康乐部隶属于某一个中层部门，大多数是隶属于餐饮部，如图1—1所示。

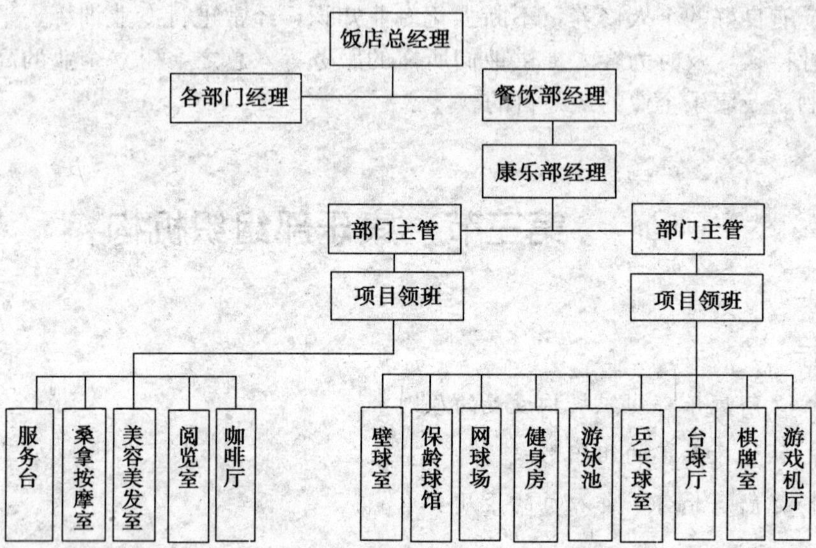

图1—1 康乐部隶属于餐饮部的组织形式

2. 与其他部门并列的组织机构形式

在这种机构形式中，康乐部在酒店中是一个中层结构，与各大部门并列，其结构如图1—2所示。

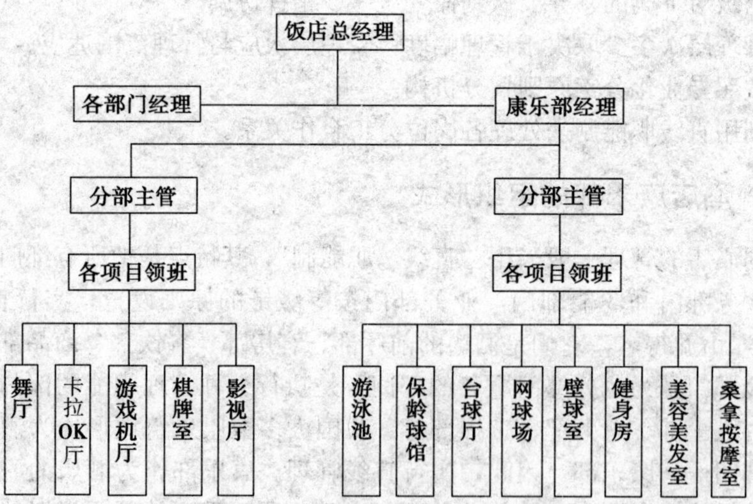

图1—2 康乐部独立成部的组织形式

3. 根据康乐服务项目设计的机构形式

这种机构形式根据康乐项目的种类来进行分类管理，比较常见的是中心俱乐部的组织机构形式，如图 1—3 和图 1—4 所示。

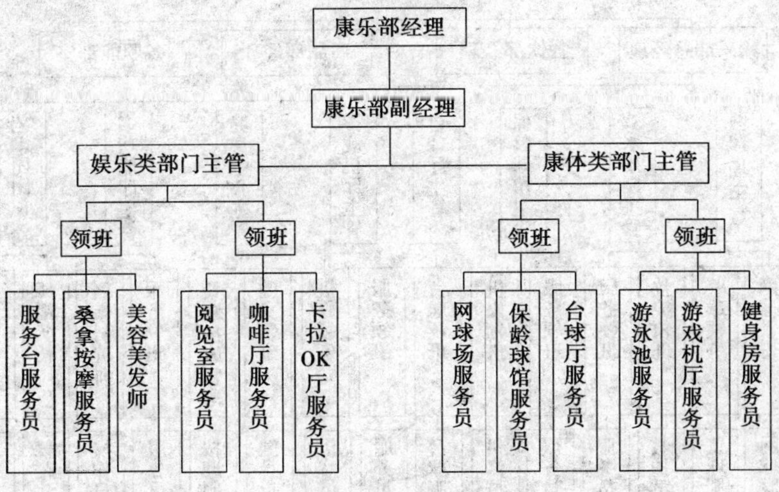

图 1—3　康乐部分类管理组织形式

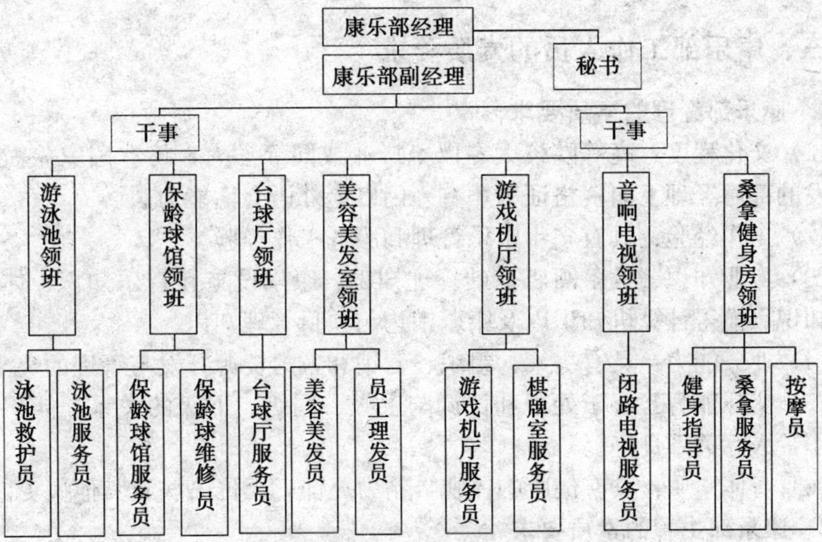

图 1—4　康乐部分项目管理组织形式

4. 独立康乐企业的组织机构形式

独立的康乐企业不存在隶属酒店的问题，在组织机构上只是表现为康乐企业内部的经营管理层次，如图 1—5 所示。

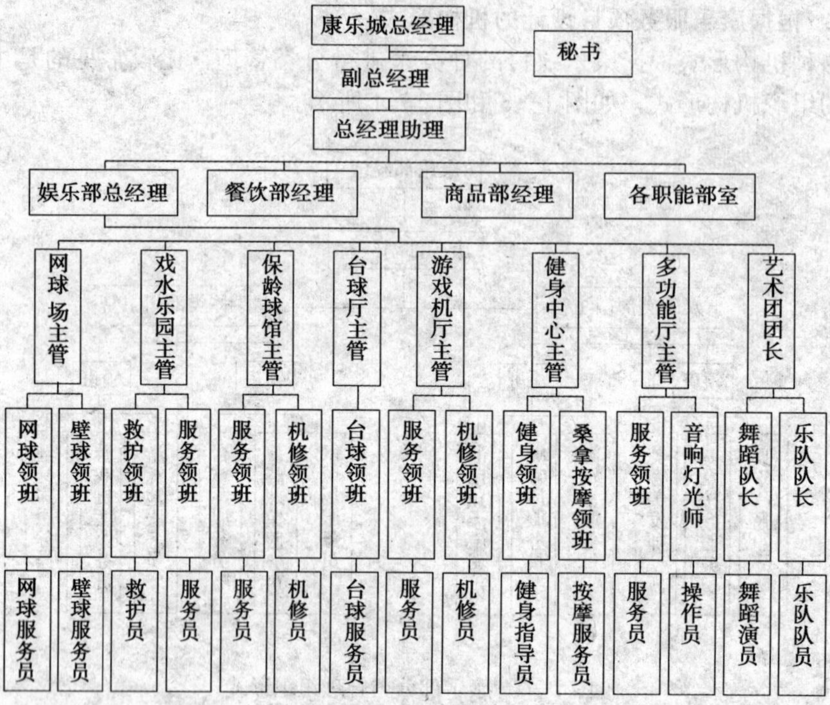

图 1—5 康乐城组织形式

三、康乐部工作人员的素质要求

1. 康乐部经理的素质要求

（1）文化程度：高等院校大专以上毕业或同等学力，持有国家旅游主管部门颁发的部门经理上岗资格证书，有一门以上外语会话能力。

（2）工作经验：具有多年康乐管理和服务工作经验。

（3）专业知识：具备酒店基础管理知识、康乐设施和音乐知识、体育活动专业知识，懂得计算机知识以及康乐销售与项目管理知识。

（4）业务能力：具有决策、组织、营销和人力资源开发与管理的突出能力。

（5）交际能力：善于处理和协调与上级、同级、下级的关系，能积极与他人合作，人际关系良好。

（6）身体素质：具有健康的体魄，精力充沛，无传染病及其他病史。

2. 康乐部主管的素质要求

（1）文化程度：具有旅游专业中专以上学历或同等学力。

（2）工作经验：具有多年康乐管理与服务工作经验。

（3）专业知识：具备康乐管理的基本知识和服务知识、康乐项目设施与康乐活动专业知识。

（4）业务能力：具备康乐项目的业务组织和推销能力、康乐项目管理和协调能力、人事与财务管理能力。

(5) 交际能力：善于协调上下级关系，善于与他人合作，人际关系良好。

(6) 身体素质：身体健康，精力充沛，工作承受能力强。

3. 康乐部领班的素质要求

(1) 文化程度：具有旅游专业中专以上学历或同等学力。

(2) 工作经验：多年康乐服务工作经验。

(3) 专业知识：具备康乐设施项目管理基础知识、人事与财务管理的一般知识、康乐活动专业知识。

(4) 业务能力：具备一定的组织能力，并能对康乐设施进行检查、清洁和调试。

(5) 交际能力：善于协调上下级关系，善于与他人合作，人际关系良好，能够正确处理与客人的关系。

(6) 身体素质：健康状况良好，精力充沛，无传染病病史。

4. 健身房服务员的素质要求

(1) 文化程度：具有中专以上学历。

(2) 工作经验：1年左右实践经验。

(3) 专业知识：熟悉卫生保健知识，掌握人体肌肉组织结构与骨骼组织结构知识，掌握安全救护知识。

(4) 业务能力：熟悉健身器材的性能，并能安全操作；能正确地为客人做各种示范动作；能满足客人提出的陪练要求；能根据客人的需要为客人制订健身训练计划。

(5) 交际能力：能与客人友好相处，人际关系良好。

(6) 身体素质：有强健的体格，能长时间站立服务。

5. 台球厅、网球场、壁球房服务员的素质要求

(1) 文化程度：具有中专以上学历。

(2) 工作经验：1年左右实践经验。

(3) 专业知识：掌握相关球类的规则和计分方法，熟悉为客人服务的整套程序。

(4) 业务能力：能为客人示范，并能为客人提供训练或与之进行比赛；熟悉场内各种器材与设备，能正确使用和保养；能够及时有效地处理网球场地内发生的意外事故，并及时向自己的上级领导汇报。

(5) 交际能力：能够妥善处理上下级之间的关系，善于处理与客人之间的关系。

(6) 身体素质：身体健康，能长时间站立服务。

6. 保龄球、高尔夫球服务员的素质要求

(1) 文化程度：具有中专以上学历。

（2）工作经验：具有1年左右实践经验。

（3）专业知识：熟悉保龄球或高尔夫球的规则和计分方法，熟悉保龄球房或高尔夫球场整套的服务程序，懂得保龄球运动或高尔夫球运动的服务知识，熟悉场地内各种器材、设备的结构、性能、特点以及运行原理。

（4）业务能力：懂得保龄球或高尔夫球的发球技巧，能指导客人进行训练；能根据客人的性别、年龄和体重，帮助客人选择不同重量的保龄球或高尔夫球杆和练习场；能做好球道和球场的清洁工作。

（5）交际能力：能与客人友好相处，有良好的人际关系。

（6）身体素质：有强健的体格，能长时间站立服务。

7. 游泳池服务员的素质要求

（1）文化程度：具有中专以上学历。

（2）工作经验：经过专业游泳训练和游泳救生培训，持有救生执照，有1年以上实践经验。

（3）专业知识：熟悉游泳的基本知识和安全救护知识。

（4）业务能力：掌握各种游泳姿势和技能，能为客人进行各种游泳姿势的示范；能熟练运用游泳池内的各种设备和器具，并指导客人运用池内的各种设备；当客人游泳发生危险或意外时，能及时、迅速地作出判断并进行救护；掌握溺水处理操作规程。

（5）交际能力：能与客人友好相处，有良好的人际关系。

（6）身体素质：有强健的体格，能较长时间站立服务。

8. 棋牌游戏室服务员的素质要求

（1）文化程度：具有中专以上学历。

（2）工作经验：具有1年左右的实践经验。

（3）专业知识：熟悉各类棋牌的基本知识，熟悉职责管辖范围内各类电子游戏的基本知识，熟悉棋牌室、电子游戏机房的整套服务程序。

（4）业务能力：掌握各类棋牌、职责管辖范围内各类电子游戏的游戏规则和计分方法，能为有需要的客人进行示范，必要时能陪同客人娱乐助兴。

（5）交际能力：能与客人友好相处，人际关系良好。

（6）身体素质：有强健的体格，能长时间站立服务。

9. 桑拿、按摩服务员的素质要求

（1）文化程度：具有中专以上学历，并持有专业卫生学校培训合格证书。

（2）工作经验：具有两年以上桑拿、按摩的实践经验。

（3）专业知识：熟悉卫生保健知识和按摩推拿知识，掌握人体肌肉组织结构和骨骼组织结构，能为客人提供桑拿浴室的一整套服务。

（4）业务能力：能按照桑拿、按摩的服务程序为客人提供服务，能正确掌握和运用按摩的程序和各种指法，能根据客人的不同需求提供不同的按摩、推拿法。

（5）人际关系：能与客人友好相处，人际关系良好。

（6）身体素质：身体健康，能长时间站立服务。

10. 歌舞厅（KTV）服务员的素质要求

（1）文化程度：具有中专以上学历。

（2）工作经验：具有 1 年左右的实践经验。

（3）专业知识：熟悉歌舞厅（KTV）的基本知识，熟悉歌舞厅（KTV）服务程序，熟悉各种酒水知识。

（4）业务能力：掌握歌舞厅（KTV）的服务技能，能为客人提供标准化的服务；懂得歌舞厅（KTV）音像设备的使用方法；能积极有效地推销各种酒水。

（5）人际关系：善于与客人相处，人际关系良好。

（6）身体素质：身体素质好，能长时间站立服务，能适应夜间服务工作。

第 2 单元 酒店康体项目管理

随着人们生活水平的提高，人们对身体健康越来越重视，科学健身和良好的健身习惯正成为都市人们生活的重要组成部分。世界卫生组织制定的现代人健康新标准包括身体和心理两部分。健康的心理是健身之本，康乐健身不仅为人们提供了进行健身锻炼、塑造身体形态和提高身体素质的条件，而且健康的身体又为保持心理健康提供了物质基础。

康体项目的经营要符合现代人对健康追求的需要。酒店康体项目的经营具有普及性、娱乐性、技巧性、科学性、健身性、装备必备性、多功能性等特征。酒店康体项目的经营应从 3 个方面加强管理：一是对设备、设施的管理；二是安全管理；三是对运动技能的指导管理。

目前常见的康体项目有保龄球运动、台球运动、网球运动、高尔夫球运动、游泳运动、健身运动等。

第一节　保龄球馆服务与管理

培训目标

- 了解保龄球运动的基本知识，掌握保龄球的服务流程
- 能够管理保龄球场设施、设备

一、保龄球运动概述

1. 保龄球运动的特征

保龄球运动是一项文明而高雅的室内运动，集娱乐、休闲、健身、训练和竞赛于一体。球道是用枫树或松树等硬质木料铺成的细长水平滑道，在球道终端置 10 个球瓶，摆成三角形，参加比赛的人在投掷线上轮流用球滚投撞击球瓶。球场有自动计分装置和机械传送装置。保龄球球道由犯规线起约 30 英尺左右涂有薄厚不均的油，球在油区中基本保持滚动状态，到了薄油或是无油区（临近球瓶处），球才会出现变向运动。打保龄球只要姿势正确，便能获得一种竞技的快感。球道从右到左排列着 1～7 号箭头，用以提示球的落点和方向。技能娴熟者打球只瞄箭头而不看球瓶。投直线球时让球通过中间的目标箭头（4 号），要落点准、球路直。球直击 1 号瓶，球瓶之间发生连锁反应基本可以达到“八九不离十”的效果。保龄球运动不分年龄性别，男女老少均能参与，充分体现了人与人之间的平等竞争；不管身体的强弱，只要通过努力均可获得高分的好成绩，可以增强人的自信心，弥补日常生活和工作重负下的运动不足，同时，还能缓解消除工作和生活中的压力。

2. 保龄球的比赛规则与计分方法

（1）保龄球的比赛规则

1）保龄球比赛以局为单位，每一局为 10 格，每一个运动员可在前 9 格的每一格中投两个球。如果第一次投球把 10 个球瓶全部击倒，就不能再投第二次了。唯有第十格不同，当第一次投球把 10 个球瓶全部击倒时，还要继续投完第二次、第三次两个球。如果第二次投球把剩余的瓶全部击倒时，还要继续投完最后一个球，才能结束全局。

2）比赛形式是以抽签决定道次，每一局比赛应在相互毗邻的一对球道上进行，参加队际赛、3 人赛、双人赛、单人赛的运动员应连续按顺序在一条球道上投完一格球后换到另一球道上投下一格球，直到在这对球道的每条球道上投完 5 个球。

3）保龄球比赛分为单人赛、双人赛、3 人赛和 5 人赛（队际赛），每人均

赛6局，以总分即总局数（6局×人数）的分数总和来决定名次，总分高者名次列前。

（2）保龄球的计分方法

1）计分规则

①保龄球比赛每10轮为一局，每轮允许投两个球，每次击球按击倒球瓶的数量计分，击倒1个球瓶计1分。

②每轮第一次投球将10个球瓶全部击倒，称全中。不能再进行第二次投球，得分为10分，并且可以加上下一轮的两球的得分，总和为该轮得分。

③第一次投球未全中，可进行第二次补投。如果补投将剩余球瓶全部击倒，则称为补中，得10分，并且可以加上下一轮的第一球的得分，总和为该轮的得分。如果补投未能将球瓶全部击倒，两个球所得分相加之和为该轮得分。

④第一次投球落入沟中，即为失误球，该球得分为0分。可进行补投，计分方法同上。

⑤犯规是指做球离手动作时，当球离手到撞击球瓶的期间，身体的某一部分在犯规线上或超过犯规线而触及球道。犯规球无论击倒多少个球瓶，均计为0分。计分方法与失误球相同。

⑥第十轮的第一次投球全中时，可继续投两个球，这两个球的得分加第一球的10分为第十轮的得分。

⑦第十轮第一次投球未全中，应进行第二次补投，如果补中，可继续投最后一个球。3球得分相加即为第十轮的总分。如果第二次补投未能全倒，不能再投第三个球，两次投球得分相加之和即为第十轮得分。

⑧10轮得分累积相加之和为全局总分。保龄球一局是10个回合，最高投球次为21次，最少投球次数则是在前9轮皆为全中，第十轮未能全中或补中，第三球自动取消，总投球数为11球。如果从第一轮的第一球开始到第十轮，连续射出12个全中，按规则每个全中球奖励下两个球的得分，即每轮以30分计，最高局分将达到300分。

2）计分符号

①全中时在计分表上部左边小格用“×”符号表示。

②第一球击倒部分球瓶时，应在计分表左边小格计下被击倒的瓶数，作为第一球得分。

③补中时，应在计分表的右边小格用符号“/”表示。

④第一次球投出后，仍有两个以上的球未倒，而且是构成彼此不相邻的分瓶，也就是构成了技术分瓶，这时除了在左边的小格内记上被击倒的瓶数外，还要用符号“口”把数字围起来。如果第二次投球将所有的球瓶击倒，则应视为补中，用符号“/”表示。

⑤当第一次投球犯规时，应在计分表左边的小格内用字母“F”表示。第二

球仍然犯规，应在计分表右边的小格内用字母“F”表示。犯规球为0分。

二、保龄球馆的服务

1. 服务员岗位职责

（1）服务人员要熟悉保龄球的打法和规则，掌握投掷方法、要领、规则及计分办法。

（2）备齐所需的运动鞋及其他客用品，引导客人换上专用的运动鞋，严禁客人穿皮鞋运动，以保护球道。

（3）保龄球是新型的休闲娱乐项目，传入中国时间并不长，大多数人对它还不太熟悉。因此，各球馆很有必要进行保龄球有关知识和比赛规则等的咨询和科学的指导，帮助初学者掌握投掷保龄球的要领和计分办法，及时纠正违反球馆规则和妨碍他人的行为，迅速排解客人纠纷。始终保持球馆秩序井然，在整个服务过程中要做到耐心周到。提醒客人不要取他人的用球，取球时要辨认自己的球号与颜色，球道两边若有人预备掷球时应等两旁人掷出后进行，不要在球道上停留过久，球撞击到球瓶时应后退，打出全中不要大声喊叫。

（4）为客人计分，统计客人所打保龄球局数。

（5）在为客人提供服务过程中，要热情、礼貌、一视同仁；在服务过程中可积极向客人推荐饮品，既满足客人需要，也增加球馆收入。

（6）保龄馆场应设急救药箱药品，配氧气袋和急救器材。如客人发生意外事故，应及时采取措施并向主管报告，确保客人安全。

（7）做好保龄球馆、休息区、更衣室、淋浴室与卫生间的清洁卫生，定期检查，维修机器使设备处于最好的状态，延长机器寿命。

（8）保管好保龄球馆的所有运动器具，以免造成不必要的损失。

（9）与保龄球设备维修部门或公司协调配合。

（10）检查更衣箱和其他地方，如发现有宾客遗失的东西，必须及时向管理员或经理汇报，并及时归还失主。

（11）坚持站立服务和微笑服务。

2. 保龄球馆服务流程

（1）准备工作

1）每日营业前，按规定的时间做完保龄球馆、休息区、卫生间的清洁卫生工作，重点控制保龄球手指孔、计分台、座椅、茶几、视屏、回球架等的清洁标准。按规定准备球巾、粉盒。

2）将保龄球摆放整齐，各种设施调试正常。

3）签到上岗后，查看交接班本。正式营业前准备好为客人服务的各种用品，整理好个人仪容仪表，佩戴好工号牌，准备迎接客人。

（2）迎宾。服务人员看到自己负责的球道上方的屏幕上出现空白计分表格时，说明有客人已在收银台买局。这时，应主动到专用鞋发放柜台迎接客人，服务用语是："您好，欢迎您。我给您拿专用鞋，这边请。"

（3）引座、让座。服务人员将客人带领到球道边的座椅后，可提醒客人换专用鞋，服务用语是："请换专用鞋。"然后，帮助客人把换下的鞋子及时摆放在鞋架上或者座椅下。冬季还要帮助客人挂好外衣或者大衣。

（4）对客服务

1）问好。面带微笑，主动问好。客人前来打保龄球时，要准确记录客人姓名、房号（酒店宾客应登记房号）、运动时间，将客人的姓名输入计分器。服务员可以问客人："请问您贵姓？"如果客人不愿意告知其姓名时，就按顺序输入"A、B、C……"代替。

2）询问。运用职业性的服务语言询问客人"是否有预订？""是按每人一局还是按时间租用保龄球道？""喜欢用几磅重的保龄球？"等。听清后从保龄球架上取球放到回球机的架上，并告诉客人哪一种颜色是几磅球。如果客人需要磅数的保龄球暂时没有能够找到，要告知客人其他服务人员会迅速为其调送过来；保龄球送到时，要对客人说："对不起，让您久等了。"对无预订的客人，如果场地已满，应礼貌地告知客人打保龄球需要提前预约。

3）根据客人预订及人数和球道出租情况安排球道，如遇客满，商请客人排队等候或先进行其他活动。

4）在投球道的计分台上为客人设定人数及局数，打开电脑记录和自动计分显示屏，天花板上的电视屏幕会自动显示每次的积分情况，并向客人清楚、明确地讲解保龄球运动知识。

5）改正分数和更换球道。当客人提出其球道上的计分器计分有误时，服务人员应迅速给予协助。应注意：改正分数时，客人需要暂时停止击球，更换球道时同样需要让客人暂时停止击球。

6）每局第十轮开始，服务人员应关注对该球道客人的服务，统计中奖分数，并为客人按"下一局"键。应特别注意的是，第十轮第二个球补中后，只有一次再击球机会，服务人员应注意避免让客人击出补中后的第二只保龄球，防止打坏扫瓶板。

7）客人打球期间，要为其提供走动服务、动态服务。观察客人操作设备是否准确，保证自动回球、计分显示、球路显示设施等正常运作。视情况，及时、准确、礼貌地提醒客人注意球场秩序，提醒客人打球时避免击中扫瓶板，及时纠正客人违反球场规则和妨碍他人的行为，迅速排解客人纠纷，始终保持球场秩序井然有序。在整个服务过程中要做到耐心、周到。如果客人需要陪练员或教练，则提供相应安排。

8）客人休息时，要及时、主动地提供倒茶水、更换烟缸、收拾桌面和地面杂物、擦净回球架等服务，并询问客人需求，做好记录，迅速服务。

9）为客人兑换奖品。服务人员可以征求客人的意见，是每次领取，还是集中领取。为客人领取奖品前（后），应请客人在兑奖单据上签字。

（5）结账

1）客人准备结账时，服务人员应主动上前，提醒客人带好其随身物品，并代替客人退还保龄球专用鞋，服务用语是："我帮您退鞋，请到收银台结账。"

2）收银员接过客人递来的现金或信用卡等时，应使用服务用语向客人道谢。客人离开总服务台时，收银员应使用服务用语向客人道别："谢谢您，欢迎再来。"

3）客人离开，服务员还要再一次道别。

（6）收拾整理

1）服务人员为客人退还保龄球专用鞋以后，应迅速返回工作区域，收拾保龄球计分台、茶几、烟缸、水杯和地面杂物等，使卫生状况恢复到营业要求，准备迎接下一批客人的到来。

2）专用鞋柜台服务员应按规定定期、定时对专用鞋进行清洁、除味、消毒。

（7）结束工作

1）部分球道的结束工作。客人打球结束，服务人员收回客人交回的专用鞋，放回原位，球道工作人员应检查有无遗漏物品，同时再一次彻底清洁座位区、地面、计分台、烟灰缸等。

2）做好全场的结束服务工作。营业结束后，服务人员应对保龄球馆整体环境进行清洁，将公用球按序放回球架，检查清理保龄球鞋，如有损坏应及时修补或更换；核对当日所有球道营业和酒水单据，填写报表；在交接班本上注明客人活动情况、设备维修情况。

3）做好安全检查。注意安全，检查球馆内是否有火灾隐患，切断电器的电源（冰箱除外），关闭空调、照明、门窗。

三、保龄球设备管理

1. 保龄球设备

保龄球设备包括以下部分：

（1）自动化机械系统。由程序控制箱控制的扫瓶、送瓶、竖瓶、夹瓶、升球、回球、瓶位信号、补中信号显示和犯规器等装置组成。

（2）球道和助跑道。

（3）计分台包括双人座位、投影装置、球员座位等设备。目前，现代化的球场都装有计算机计分系统和选瓶装置。

（4）附加设备主要有清洁打磨机、上油机、球箱和球架。

（5）保龄球瓶。

（6）装具及其他用品。

（7）保龄球。

2. 保龄球馆配套设施

除了保龄球设备，对保龄球运动来说，以下配套设施是必不可少的：

（1）球馆入口设有服务接待柜台，要配齐相应数量、各种型号的保龄球、专用鞋及计算机计分和结账设备。

（2）球馆旁边要有与接待能力相应档次与数量的男、女更衣室、淋浴室、卫生间。

（3）球馆内设吧台及休息区。有些保龄球馆为节省空间将吧台和服务台设在一处。

（4）保龄球架。

（5）营业时间、客人须知、价格表等标志、标牌，一般设在球馆门口。标志、标牌设计美观、大方，设置位置合理，有中外文对照、字迹清楚。

（6）球馆内部的通道、过道、球道、计分显示、球路显示等设施，要求布局合理，整体协调、美观。

（7）绿化设施。各种器材摆放整齐，适当位置可配置大型盆树、盆景美化环境，调节空气。

3. 保龄球馆环境要求

（1）球馆面积合适，空间高大。

（2）球道、自动回球设施、计分显示、球路显示设施符合国际保龄球比赛场地标准。

（3）球道及其四周木质地板高档、豪华。

（4）墙面、天花板建筑装修美观、舒适。

（5）室内照明充足，光线柔和。

（6）室内温度保持在20～22℃。

（7）室内相对湿度保持在50％～60％。

（8）自然光照度不低于100勒克斯，灯光照度不低于80勒克斯。

（9）通风良好，换气量不低于130立方米/(人・小时)。

4. 保龄球设备的日常维护

（1）制订保龄球设施清洁计划

1）用抹布依次清洁座椅、计分台、茶几、送球机口、架、保龄球、公用球存放架、服务台、鞋架等，保持清洁无灰尘。

2）按规定给球道打蜡或上球道油。

3）保龄球地板每星期清洗一次，保龄球每星期用清洁剂清洗一次，球道每月用清洁剂清洗两次，球瓶每月用清洁剂清洗两次，保龄带每3天用紫外线消毒一次。

二、台球厅的服务

1. 服务员岗位职责

(1) 台球用具要每日擦拭，台面吸尘、台球保养及球杆的管理要严格。

(2) 熟悉台球的历史，懂得各类台球的击打要领、规则和计分方法。

(3) 根据客人人数、球台出租状况迅速安排球台。要准确记录客人姓名、房号（酒店宾客应登记房号）、台球桌号、运动时间。

(4) 及时提供球杆、摆球服务。对任何客人都要一视同仁，热情、耐心、周到。如客人有刁难或不友好的行为，服务员要不卑不亢、彬彬有礼，不要与客人争辩，要及时向主管汇报。

(5) 客人打球过程中，服务员应为初学者提供讲解示范，示范动作规范、标准，并及时提供客人需要的其他服务。掌握客人心理和陪练输赢分寸，以提高客人兴趣为原则。

2. 台球厅服务流程

(1) 营业前准备

1) 换好工作服，提前到岗。

2) 领班分配具体任务并提出要求。

3) 打扫室内卫生，包括地面、门窗、烟灰缸、衣架、杆架、灯罩、台面等。

4) 台球设备及用具准备到位，并保证完好无损。

5) 各岗服务员到位，准备迎接客人。

(2) 迎宾。微笑迎客，向客人致以问候，引领顾客到服务台。

(3) 室内服务

1) 根据来客人数及球台使用情况迅速安排球桌。如果客满，则安排客人排队等候或先帮客人安排其他活动内容。

2) 向客人声明收费标准及付费方式，然后由客人自己选择。

3) 根据客人选定的打法将球按规则或客人的意愿摆好，问客人是否需要手套。客人开球时，服务员站在不影响客人击球的位置，注意客人的其他需求。如客人需要，可向客人讲解台球规则、技巧、计分器如何使用等内容。

4) 主动向客人询问是否需要饮品、小吃等，如有所需，应及时提供服务。

5) 有时客人需要示范动作或陪打，此时服务员应乐于、认真地提供服务，并根据客人的心理掌握输赢尺度。

6) 客人打完后，服务员应及时礼貌地检查设备、设施是否完好，并协助客人办理结账手续。

7) 客人结账后，服务台人员应向顾客致谢；顾客离去时，门岗服务员应表示欢迎下次再来。

8）客人走后服务员应立即打扫休息区，整理球桌及用具，准备迎接下一批客人。

9）如有顾客投诉，一般服务员能解决的，应立即解决，无法解决的，就及时向领班、主管或经理汇报请示后再处理。

（4）送别客人

1）服务员送客人至门口并礼貌向客人道别。

2）服务员及时清扫场地并整理物品。

3）服务员将使用过的毛巾送洗衣房更换新毛巾，放入消毒箱消毒，做好再次迎客的准备。

三、台球设备管理

1. 台球设备

台球设备应包括以下部分：

（1）球杆。球杆是台球运动的灵魂，好球技需要好球杆配合，这样才能发挥得淋漓尽致。选择球杆最重要的条件是要全杆笔直，第二个条件是接头部分要密合。此外，适合自己的长度和重量也是要考虑的要素。

（2）球台。球台的样式有两种：有孔球台和无孔球台。有孔球台主要适用于美式台球和英式台球（斯诺克），无孔球台主要适用于撞击式台球，如 4 球台球。

在边缘及台面的交界处，还接有一层富有弹力的胶垫，胶垫上也绷贴着一层呢绒，这层软垫称为“cushion”，俗称“颗星”，所以，打撞击台边的球就称“打颗星球”。

球台的优劣，主要是依据桌面石板是否平坦、接缝是否严密、台面绒布摩擦力是否均匀（劣质台布的绒毛长短不均，会影响球的滚动）、胶垫反弹力是否正常等因素进行判断。

（3）台球。过去的球以象牙磨制而成，现在则以硬质塑胶为质材。塑胶制的球不会因温度、湿度的改变而发生变化，具有耐撞、耐冲击、球体质量均匀等优点。目前市面上最常见的是比利时制的球。

（4）其他设备

1）粉块。粉块用来摩擦球杆的撞锤部分。粉块的粉附着在撞锤皮革上，可以增加其摩擦力，避免击球时打滑，造成滑杆，产生失误。

2）手套。戴在架杆的手上，以减少球杆和手之间的摩擦力。

3）台球的长杆和架杆。遇到距击球者较远的球，就需要借助一根长杆和一个长柄的架杆，代替人手做支架。每张大型球台都应备有长杆和架杆。

4）台球的杆架。每张球台旁都应有摆放球杆的杆架，球杆用完后，要顶朝上，柄朝下，整齐地排列在杆架上。

5）台球的计分牌。每张球台旁都要配备计分牌，常见的计分牌有3种：一种是横拨珠算式的，每得一分拨一个子；另一种是同乒乓球计分牌一样的翻牌式；第三种就是电子计分表。

6）台球的助滑粉。与防滑粉相反，为了防止手上有汗发涩，每张球台旁应备有滑石粉袋，以便击球者随时擦抹在做支架的手上。

7）台球的球台灯罩。为了节电，也为聚光，每张球台上，应吊两个距台面一米多高的梯形灯罩。

8）台球定位器。如果在比赛进行中发现球台面有脏物或台球停留处有杂物，需要把球拿起擦揩或清扫，这时就要用台球定位器放在这个球的停留处，然后把球拿起来清扫，清扫完后放回原处，以防错位。

2. 台球厅配套设施

除了以上设备，台球室一般需要配备以下配套设施：

（1）球场旁边要有与接待能力相应档次与数量的男、女更衣室，淋浴室和卫生间。更衣室配带锁更衣柜、挂衣钩、衣架、鞋架与长凳。

（2）淋浴室各间互相隔离，配冷热双温水喷头、浴帘。卫生间配隔离式坐式抽水马桶、挂斗式便池、洗盥台、大镜及固定式吹风机等设备。

（3）各配套设施墙面、地面均满铺瓷砖和大理石，有防滑措施。

（4）球场内设饮水处。

各种配套设施材料的选择和装修，应与健身房设施设备相适应。配套设施设备完好率不低于98％。

3. 台球厅环境管理

（1）台球厅门口设营业时间、客人须知、价目表等标志标牌。标志标牌设置齐全，设计美观，安装位置适当，有中外文对照、字迹清楚。

（2）室内球桌摆放平整。桌面之间和四周通道宽敞，两桌间距离不少于2.5～3米。

（3）室内保持在20～22℃，相对湿度50％～60％。

（4）自然采光良好。灯光照度不低于60勒克斯，照度应均匀，换气量不低于303立方米/（人·小时）。

（5）整个球场环境美观、舒适、大方、优雅。

4. 台球厅卫生管理

（1）台球厅卫生需每日整理，随时清洁。球台平整光滑，台面无印迹、污迹，一尘不染。墙面壁饰整洁美观，无蛛网、灰尘、污迹，不掉皮、脱皮。

（2）地面洁净，无废纸、杂物和卫生死角。所有用品及用具摆放整齐、规范。

第三节　网球场服务与管理

培训目标

- 了解网球运动的基本知识，掌握网球场的服务流程
- 能够管理网球场的设施设备

一、网球运动概述

1. 网球运动的特征

网球是一项隔着球网，用球拍击打橡胶制空心球的运动，分单打和双打。网球是一项高级社交性质的休闲体育运动，对许多打网球的人来说，时髦的网球用具、和朋友们进行社会交往的机会以及轻松的网球场环境与这种运动本身同等重要。

网球，已经成为现代人的主要休闲活动之一。奔跑、挥拍、扭腰、跳跃，全身上下的肢体都得到了适当的活动，在球来球往之际，也能训练打球者的判断力和反应力。不论男女老少，都能轻松享受其中的乐趣。

2. 网球比赛规则

（1）网球比赛方式。通常比赛的双方——两人（单打）或 4 人（双打），各占网球场一边进行比赛。

（2）发球

1）发球前的规定。网球比赛开始前，双方用掷钱币或旋转网拍的方法进行猜先，得胜者优先选择发球权或选择场地。选择发球权或接发球权者，应让对方选择场地；选择场地者应让对方选择发球权或接发球权。

发球员在发球前应先站在端线后、中点和边线的假定延长线之间的区域里，用手将球向空中任何方向抛起，在球接触地面以前，用球拍击球（仅能用一只手的运动员，可用球拍将球抛起）。球拍与球接触时，即完成球的发送。

2）发球时的规定。发球员在整个发球动作中，不得通过行走或跑动改变原站的位置，两脚只准站在规定位置，不得触及其他区域。

3）发球员的位置

①每局开始，先从右区端线后发球，得或失一分后，应换到左区发球。

②发出的球应从网上越过，落到对角的对方发球区内或其周围的线上。

4）发球失误

①未击中球。

②发出的球，在落地前触及固定物（球网、中心带和网边白布除外）。

③违反发球站位规定。

发球员第一次发球失误后，应在原发球位置上进行第二次发球。

5）发球无效。发球触网后，仍然落到对方发球区内，接球员未做好接球准备，均应重发球。

6）交换发球。第一局比赛结束，接球员成为发球员，发球员成为接球员，以后每局结束，均依次互相交换，直至比赛结束。

（3）打球。球过网后，接球员单手或双手持网球拍进行还击，此时接球员在球落地前凌空击球或落地一次后击球均为有效。如此隔网对击，运动员运用发球、正反拍击球、截击球、高压球、挑高球、放短球、击反弹球等技术以及接发球战术、上网战术和底线战术等，努力将球击至对方场地。

（4）计分规则

1）如一方未能接到球、击球出界、球落网、球落地两次再击，对方即得1分。

2）国际上通行的计分方法是胜1分计为“15”，胜2分计为“30”，胜3分计为“40”，双方各得“40”称为“平分”。

3）以先得4分者为胜一局，以先胜6局为胜一盘。男子网球一般采用5盘3胜制，女子采用3盘2胜制。

4）每局各得3分时为“平分”，“平分”后连得2分的一方才胜该局；每盘中，如果双方各胜5局，下面必须有一方连胜2局才算胜一盘。近年来，为了缩短比赛时间，采用了平局决胜制即“抢七”，就是当局数为6∶6（双方各胜6局）时，只再进行一局来决定胜负。这一局中，先赢得7分者为胜利方；如果比分是5∶5，需一方连续领先2分才算赢这一局。

5）每得1分或失1分，发球员变换一次发球方位（左或右半场端线后），接球员也随之变换接球区。

6）每局结束时，双方要交换发球权。

二、网球场的服务

1. 服务员岗位职责

（1）有一定的外语会话能力，熟练掌握网球场工作内容、工作秩序。

（2）熟悉网球运动规则，有一定的运动技能水平，能够熟练提供服务，能够回答和处理客人提出的各种有关问题。

（3）着网球场工作服上岗，服装颜色、标志醒目，精神饱满，劝阻无关人员参观、拍照。

（4）准确运用迎接、问候、告别和操作语言。

（5）负责制定每日营业日报表。

（6）负责对客人的接待、收款、登记、预约和咨询。

（7）负责场地的卫生工作，保证环境清洁、整齐。

（8）负责酒水饮料销售、补充和申报补充物品工作。

（9）负责提供球拍、网球、球鞋及有关体育器材的租用服务。

（10）负责设备的维护工作，网篷破损要及时维修。

2. 网球场服务流程

（1）营业前准备

1）上岗前进行自我检查，做到仪容仪表端庄、整洁，符合要求。

2）开窗或打开换气扇通风，清洁室内环境及设备。

3）检查并消毒酒吧器具和其他客用品，发现破损及时更新。

4）补齐各类营业用品和服务用品，整理好营业所需的桌椅。

5）查阅值班日志，了解客人预订情况和其他需要继续完成的工作。

6）最后检查一次服务工作准备情况，在规定工作位置做好迎客准备。

（2）迎宾

1）服务员面带微笑，热情、主动、礼貌地问候客人，并请客人在场地使用登记表上登记。

2）询问顾客有无预订服务。

（3）场内服务

1）帮助客人办好活动手续，并提醒客人换好网球服和网球鞋。

2）客人换好球服、球鞋后，引领客人到选定球场。

3）客人打球时，服务员要端正站立一旁，为客人提供捡球服务。

4）如客人要求陪打时，服务员要认真提供陪打服务，视客人球技控制输赢，以提高客人打球兴趣。

5）客人休息时，服务员要根据客人需要及时提供饮料、面巾等服务。

6）客人打球结束，服务员主动征询客人意见，如客人需要淋浴，则将客人引领到淋浴室并为客人准备好毛巾和拖鞋。

7）当客人示意结账时，服务员要主动上前将账单递送给客人。

8）如客人要求挂账，服务员要请客人出示房卡并与前台收银处联系，待确认后要请客人签字并认真核对客人笔迹，如未获前台收银处同意或认定笔迹不一致，则请客人以现金结付。

9）客人离别时要主动提醒客人不要忘记其随身物品，并帮助客人穿戴好衣帽。

三、网球场设备管理

1. 球场种类

网球场因铺设的材料不同而分为沙质、水泥、砖粉、草地及合成材质球场等。

（1）沙质球场。多以黏土和石沙混合铺设而成，反弹力小，双脚不易疲倦，适合初学及年长者使用。

（2）水泥球场。以水泥铺制而成，反弹力佳，保养容易，在国内有流行趋势；最大的缺点是容易使客人双脚疲劳。

（3）砖粉球场。砖粉球场又称为红土球场，表面以砖屑铺制而成，吸水性强，不怕雨淋，但过分干燥便会尘沙飞扬，必须经常泼水。

（4）草地球场。设在平整草地上的球场，在国际上被列为最标准也最正式的比赛场地，英国温布尔顿大赛、美国公开赛、澳洲公开赛等国际大赛都是在草地球场举行。

（5）合成材质球场。合成材质球场种类很多，这种球场弹性稳定，维护简便，很受欢迎。

2. 球具与服装租售

网球运动中，球具和服装都十分重要，好的球具可以使打球者更好地发挥球技，而适当的服装更能使球员在上场时舒适轻松地发挥球技。球具和服装的租售是网球场的基本服务内容。

（1）网球。网球为绿色或黄色，正式比赛时大多使用黄色的球。球面上的短毛有延滞球速、稳定方向的功能。短毛严重脱落的旧球会变得不易控制。网球是网球场基本出售品。

（2）球拍。球拍由于材质的不同而有木制、铝制、玻璃纤维及碳纤维等几个种类，目前最受欢迎的是碳纤维球拍，弹性佳、韧度够、重量轻，以上各类球拍可出售也可出租。

（3）网球服装。网球服装的式样繁多，除了在球场穿用外，许多人也将网球装作为休闲服装来穿着。上衣部分以短袖有领的棉衫为主，冬天则穿羊毛质料制成的球衫，但基本上都要符合通风吸汗的要求。裤装部分男性多穿着便于活动的短裤，女性则可选择短裙或裤裙。

鞋袜是网球运动中相当重要的一环，鞋子要选用抓地力强，质量轻巧的网球专用鞋，以便应付各种折返冲刺的动作。袜子则以厚短袜为最佳选择。

一般说来，网球服装应品种齐全，让顾客能在选购时按意愿搭配。其他配件，如帽子、大毛巾、止汗腕带、发带等都应有售。

3. 网球场场地设计要求

（1）网球场应设计成长方形。

（2）单打场地的长度为 23.77 米，宽度为 8.23 米。

（3）双打场地的长度为 23.77 米，宽度为 10.97 米。

（4）球场正中间设网球网，将整个球场分成两个等面积的半场。

（5）网球场表面可以是草地、硬地、泥地等多种，以沥青涂塑等合成的铺面硬地较为普遍。

4. 设施设备管理

（1）球场应符合国际网球比赛标准。

（2）场地平整，照明充足，光线柔和，顶灯下设反射罩。

（3）球网、球拍质量优良。

（4）室内网球场有足够高度，墙面深色、整洁、无任何装饰物。

5. 网球场卫生管理

网球场的卫生应达到以下标准：

（1）网球场场地平整清洁，无废纸、杂物、垃圾。

（2）球网清洁、无破损。

（3）墙面光洁、无灰尘、蛛网。

（4）各种卫生洁具表面干净、无污迹、印迹。

（5）卫生间无异味。

第四节 高尔夫球场服务与管理

培训目标

→ 了解高尔夫球运动的基本知识，掌握高尔夫球场的服务流程

→ 能够管理高尔夫球球场的设施设备

一、高尔夫球运动概述

1. 高尔夫球运动的特征

高尔夫球是一项历史悠久的高雅运动项目。由于高尔夫球场占地面积大，地面质量要求高，打球的器械种类、质量要求严格，服务需求多、档次高，因此投资巨大，消费昂贵，被称为“贵族运动”。尽管如此，由于运动量适中，能全面锻炼身体，竞争中更多的是赛智慧、赛知识和赛技术，在运动过程中又特别适合球员之间切磋和交流，兼有运动和交际的双重性，因此，受到人们的喜爱。

2. 高尔夫球运动的规则

（1）乡村高尔夫球规则

1）比赛方法。比赛从发球台开始，首先进入 1 号洞，然后依次进入其他 17 个洞称为一场球。比赛的胜负取决于选手击球入洞的总杆数。一场高尔夫球比赛的标准杆数是指运动员将球从发球台击到球洞内所需要的击球的次数，每个球的标准杆数视球洞场地大小而定。一般情况下，高尔夫球洞通常设 4 个 3 杆洞、4 个 5 杆洞、10 个 4 杆洞。

比赛计分办法分为两种：一种是在比赛时运动员逐一击球进洞，计算进入所有洞的总击球杆数，击球杆数少者为胜利者；另一种为比赛每一个洞的击球杆数，击球杆次少者为胜，相同杆次进入洞数多者为胜。

当运动员上球入洞的杆数与标准杆数相同时，称为帕球（par），当低于标准杆1杆时，称为小鸟球（bird）；低于标准杆2杆时，称为老鹰球（eagle）；比标准杆多一杆时，称之为补给球（bogey）。

2）基本规则

①比赛开始的发球顺序，采用抽签方法决定。途中各球洞的击球顺序，以球离洞最远者先击，次远者其次击，最近者最后击。

②每一个球洞由上一个洞的胜利者先击球，如果上一个未分胜负，则前一洞的胜者先击球，其他运动员的击球顺序依据击球进洞前用杆少者为先的原则确定。

③在击球准备后不能再移动球，否则被罚一杆。

④如遗失球，可在5分钟内寻找。如果找不到，则在尽量接近初始球的地方抛一个球，同时被罚一杆。

⑤如果球击出了界外，即被视为界外球，下一次击球必须用临时代用球在上一次击球处重击。

⑥除了球落入水中，可以声明球不能继续再打外，在加罚一杆之后，可以在以下3种方法内进行选择：在尽量接近最后初始球的地点打球；在该球的停点两球杆范围内，但在不靠近球洞的地方抛球；在球洞与该球原位置之间连线上，球的停点后方抛球，此时只要是在球的停点后方，无论距离多远均无限制。

⑦如果球落入水障区（一般以黄色木桩标示），可以在尽量接近该球最后击打处或被移动处进行下一次击球，或者在球洞与该球最后越过水障区界限的连线上，水障区的后方抛球后击球。此时只要是在水障区的后方，无论距离多远都无限制。

⑧如果球落入侧面水障区（一般以红色木桩标示），可以在加罚一杆后，除采用水障区的补救措施外，还可以在球最后越过水障区界限不靠近球洞的地方，在两杆的范围内抛球或者在该水障区对岸与球最后越过水障区界限的连线上，在不靠近球洞的地方，在两杆的范围内抛球。

⑨当在果岭上推杆时，旗杆会被移开。如果球击中旗杆将被罚两杆。

⑩无论在球道、果岭或粗糙地区，都不允许将周围的草压平，在果岭可把杆放在球前瞄准，在其他地方可把杆头落在球后，但不能压倒小草。

（2）城市高尔夫球规则。模拟高尔夫球的运动方法和规则与乡村高尔夫球基本一样，主要不同是场地环境。而城市高尔夫球的场地、球杆、球都与乡村高尔夫有很大区别。城市高尔夫球的规则如下：

1）最先以最少杆数将球击入洞穴者为胜。

2）参赛人数每组 2～4 人或更多。

3）在每个球道上每人最多击 6 杆，每杆为 1 分，6 杆仍未入洞者计 7 分。

4）将球置于球板上任一开球点开球，将球击过开球线为开球成功，可以接着打下一杆。若球未击过界线则视为开球失败，算作一杆；然后将球重放于开球点再次开球。

5）开球后，在球被击入洞穴之前，球每次停落的位置即为继续击下一杆的位置。此时，可能会出现以下两种特殊情况：第一，如果球停在距离球道边障很近的位置难以击球，这时可将球移至重放线上，然后再击下一杆。重放线是指球的停落点与球道边障垂直或与球障垂直方向所形成的一条直线。球障是设在各条球道上的障碍物，每条球道上的球障各不相同。第二，如果球停在距离球障很近的位置而难以击球，这时可沿着与球障垂直的方向将球移至重放线上任意一点，然后再击下一杆。

6）球员应按顺序击球，即由一位球员在一条球道上连续击球，直到击入洞穴，即为完成一轮，这时再由下一位球员击球。每一轮击球最多允许击 6 杆，如果到第六杆仍未将球击入洞穴，则判为本轮失败，计 7 分。

7）球员在击球时不得连续击打，也不准用杆推着球运动，否则视为犯规。

3. 高尔夫球运动的礼仪规范

高尔夫球运动是一项“绅士”运动，有很多礼仪规范，在打球过程中应注意遵守，否则会引起其他客人的反感。

（1）进入球场应穿有领上衣和高尔夫球专用鞋。不能穿牛仔裤、圆领衫、背心、运动衫、网球装、泳装、工装裤、短裤，不能穿高跟鞋和其他运动鞋。

（2）要在练习场内练球，高尔夫球场内禁止练球。球场内禁止观看，除非调度人员特许。

（3）自备球袋、球杆，球杆不用时应放回球袋。

（4）不能走入场地内的林地，也不要进入湖内捡回高尔夫球。人多时不要在球道上逗留，以免影响他人。在球场上不能大声谈天、喧哗，移动电话等通信工具最好不要带入场内，以免影响他人的注意力。

二、高尔夫球场的服务

1. 服务员岗位职责

（1）换好工作服，准时在服务台报到上岗。

（2）打扫场地卫生，日常卫生须在上班后一小时内完成。

（3）按规定摆出冰柜、球、手套、球鞋等服务用品。

（4）检查各种客用品（如球、球杆）有无损坏，严禁出租有松动、爆裂的坏杆。

（5）懂得高尔夫球的比赛规则，能指导客人正常练球。客人需要陪练时，能提供陪练服务。

（6）及时清洁整个高尔夫球场场地及附属设施，为客人提供一个干净、舒适的运动环境。

（7）迎宾，主动介绍球场规则，根据客人的需要做好登记收费工作。

（8）注意观察客人运动状态，主动提供技术指导，经常巡查运动场地，及时解决设备出现的问题。

（9）要经常与高尔夫球场附属酒吧或冷饮部联系，及时提供饮料服务。

（10）熟练地操纵高尔夫球场内的各种设备，并能排除一般故障。

（11）在适当的时候向客人提供冷面巾（夏季），推销酒水和其他用品。

（12）有客人时即时填写服务记录，如球数、杆数、客人离开时间等。

（13）客人离开时即时收球、点数，检查租用品是否完好，并清洁干净重新摆好。

（14）有需要维修的设备、物品，及时报告工程部调度室。

2. 高尔夫球场服务流程

（1）营业前准备

1）检查客用物品，发现破损及时更换。

2）将练习场发球区地毯吸尘，座椅、茶几擦拭干净，烟灰缸清洗干净，发球垫摆放整齐，打开太阳伞，将球、手套、球鞋等用品摆放整齐。

3）补齐各类营业用品和服务用品，整理好营业所需的桌椅。

4）查阅值班记录，了解客人预订情况和其他需要继续完成的工作。

（2）营业中的接待工作

1）面带微笑，主动问候客人，并请客人在场地使用登记表上签字。

2）为客人办好手续，并提醒客人换好专用球鞋。

3）将客人的球具和其他设备清点并装车，按客人进场的先后顺序安排场地。

4）将客人带入发球区，并根据客人的要求安排在白、蓝、红不同的发球区发球。

5）介绍洞的码数，并指导客人合理选用球杆。

6）当客人攻上果岭后，应帮助客人瞄准球洞，并将标志旗拿下，根据果岭的不同地形考虑推杆的方向。

7）客人将球击入球洞后，服务员要及时公布该洞使用的杆数，并记录在球卡上，随后带领客人进入下一个洞的打球区域。

8）客人休息时，要根据需要及时提供饮料、面巾等服务。

9）客人打完全部洞穴后，应将客人使用的所有球具擦干净，清点完毕送至客人的车上。

10）如果客人需要淋浴，则将客人引领到淋浴室并准备好毛巾和拖鞋。

11）客人示意结账时，要主动上前将账单递给客人。如客人要求挂账，服务员要请客人出示会员卡并与前台收银员联系，待确认后要请客人签字并认真核对客人笔迹，如未获前台收银处同意或认定笔迹不一致时，请客人以现金结付。

12）主动提醒客人不要忘记随身物品，并帮助客人穿戴好衣帽。向客人致谢并欢迎客人下次光临。

13）迅速整理好场地，准备迎接下一批客人的到来。

（3）营业结束后的整理工作

1）服务人员整理球场和休息区，将用具擦拭干净，摆放整齐。

2）核对当日营业单据，填写报表。

3）切断所有电器的电源，关好门窗。

三、高尔夫球场设备管理

1. 乡村高尔夫球场

按照传统习惯，人们所说的高尔夫球运动主要指乡村高尔夫球。乡村高尔夫球场的面积在 60～100 公顷之间，呈不规则状。球场内有丘陵，有平整的草地，有沙地，还有水塘。球场内有若干洞穴，洞穴的数量为 9～54 洞不等，一般为 18 洞。洞穴为埋在地下的圆罐，直径为 10.8 厘米，深度为 10.2 厘米。罐的上沿低于地面约 1 英尺（约为 30.5 厘米）。洞穴间的距离为 91.44～548.64 米不等。

乡村高尔夫球场的设施、设备主要包括：

（1）开球区。这是一块平坦的草坪，约有 100 平方米，草坪上设有球座，球座是插入地面的一个小木桩，木桩上部为凹面的圆顶。击球的运动员必须在开球区向前方洞穴击球，击球时需将球放在球座顶端，以便准确挥杆击球。

（2）标志旗。标志旗是系于细长旗杆上的小旗，用以插入每一洞穴，指明洞穴号数。当近距离向洞穴击球时，标志旗可临时拔去。

（3）高尔夫球。这种球是在一块压缩的小橡皮上，用橡皮筋环绕成圆球，外面再包上有微凹花纹的坚硬合成材料的外壳。球的直径为 4.16 厘米，质量为 45.93 克。

（4）高尔夫球杆。球杆是用木材或塑料与金属组合制成，长度从 0.91～1.29 米不等。比赛时，每个运动员需配备 14 根各种用途的球杆，其中包括木头球杆 5 支，铁头球杆 9 支。除一根是推击杆外，其余均为不同斜度的挥击球杆。球员可以根据击球距离和高度不同而选用不同的球杆。推击球杆的击球面是个与球杆平行的平面，用于近距离时推击。

2. 乡村高尔夫球练习场

顾名思义，这种场所是为练习打高尔夫球而开设的，因为其场地比正规高尔夫球场小得多，一般有 100 米×200 米的面积即可。也就是说，占地两公顷就够了。由于其面积只有正规球场的几十分之一，可以建在离城市很近的酒店附近，可以免去运动者的路途辛劳，因而颇受欢迎。这种练习场主要用于开球训练和“果岭”区的推杆训练。训练时所用的球杆和球都与正规球场用品无异。

3. 模拟高尔夫球场

这是在一间不大的房间内，用现代科技手段模拟某个或者某几个高尔夫球场场景的模拟球场。在这种球场打球，能从屏幕上反映出球员打球的方位和击球的距离。

具体情况是在一间不到 50 平方米的房间里，用幻灯机或者投影电视投射出某个 60 多公顷的真正球场的场景，场景的屏幕具有对击球力度的感应功能，并能根据感应的力度和方向将球的影像及球的飞行轨迹反映到屏幕上，并通过计算机反映出球的飞行距离，使击球人产生仿佛是在现实球场击球的感觉。最后，还可以使用推击球杆将球击入洞穴。

模拟高尔夫球场占地小，并且在室内，几乎所有酒店都能根据要求开设这样的球场。

4. 城市高尔夫球场

也有人把这种高尔夫球场称为微型高尔夫球场。不论叫什么名字，都是为了与传统的乡村高尔夫球场有所区别。它是用木材或水泥等材料制作出各种不同障碍的球道及洞穴，9～26 洞的都有。其实就是将不同难度的“果岭”集中于较小的场地，一个 18 洞的城市高尔夫球场约占地 800 平方米。既可建在室外，也可建在室内；可以与酒店的绿地结合起来设计，也可以单独修建在楼顶平台上。

城市高尔夫球的器械与乡村高尔夫是有区别的：它的球是直径为 4 厘米的实心橡皮球，球的外面不包赛璐珞外皮；城市高尔夫球杆一般是用金属制造的，只有推击杆而没有挥击杆，并且球杆的长度也比乡村高尔夫球杆短许多，74～90厘米不等，不同身高的人可以使用不同长度的球杆。

第五节　游泳馆服务与管理

培训目标

- 了解游泳运动的基本知识，掌握游泳池的服务流程
- 能够管理游泳池设施设备

一、游泳运动概述

1. 游泳运动的特征

游泳运动是广受人们喜爱的一种水上运动。它是运用头部、躯干、手臂、腿的动作，使身体自由地在水中活动或游进，益处颇多。具体而言有以下几方面的作用：

（1）促进新陈代谢。水是一个特殊的环境，水的导热能力比空气大 23 倍。人们在游泳时，由于必须尽快地补充所散发的热量来抵御冷水的刺激，会使人的体温调节机能得到改善，从而促进体内的新陈代谢，提高肌体适应外界环境变化的能力。

（2）提高心肌功能。在水的压力作用下，迫使人的呼吸肌必须用更大的力量来完成呼吸动作，这样，不仅增大呼吸肌的力量，而且能扩大肺的容量，改善呼吸系统的机能。同时，使人心跳频率减慢，血管壁厚度增加，弹性增大，每搏输出的血量增多，使心率比一般人慢而有力，增强了内脏各器官的功能。

（3）塑造体形。坚持游泳锻炼，能有效地促进身体全面、匀称、协调地发展，并使肌肉发达、富有弹性。

2. 游泳姿势的分类

（1）蛙泳。蛙泳是模仿青蛙游泳动作的一种游泳姿势，也是最古老的一种泳姿，早在 2000 年前，中国、罗马、埃及就有类似的游泳姿势。18 世纪中期，在欧洲，蛙泳又被称为“青蛙泳”。在 20 世纪初期的游泳比赛中，由于蛙泳不如其他游泳姿势快，使得蛙泳技术受到排挤，没有人愿意采用蛙泳技术参加比赛，随后国际泳联规定了比赛的泳姿，蛙泳技术才得以发展。

（2）自由泳。自由泳为竞技游泳比赛项目之一，对技术没有规则限制，比赛时，运动员多采用最快的爬泳技术，致使人们把爬泳也称为自由泳。自由泳是竞技游泳技术中速度最快的一种泳姿。19 世纪初，澳大利亚人 R・卡维尔用两腿交替打水，取代剪夹水技术取得胜利。1922 年美国人韦斯摩洛改进用两臂交替划水和两腿 6 次交替打水配合，形成现代爬泳模式。

（3）仰泳。仰泳是人体仰卧在水中两臂轮流向后滑水配合双腿鞭打踢水动作的一种泳姿。由于仰泳技术头部露出水面，便于呼吸，游起来比较省力，所以适合于中老年人和体质较弱者使用。

（4）蝶泳。蝶泳技术是由蛙泳技术演变而来的，当蛙泳技术发展到第二阶段时，也就是 1937—1952 年这一时期，游泳比赛中，有些运动员采用两臂划水到大腿后提出水面，在从空中迁移的技术，从外形看，好像蝴蝶展翅飞舞，从而得名“蝶泳”。1953 年，国际泳联规定蛙泳和蝶泳分开比赛，使蝶泳成为了独立的比赛项目，从而得到了很好的发展。

二、游泳池的服务

1. 服务员岗位职责

（1）熟悉游泳池的工作内容、工作秩序。

（2）具有游泳池设施、设备的维修、保护、清洁卫生知识和水上救护常识，人不离池，思想集中，反应敏捷，注意观察池内客人的情况，发现危险情况及时抢救，保证客人生命安全。

（3）能准确运用迎接、问候、告别语言，对回头客能称呼其姓名或职衔。

（4）提供派放救生圈的服务。

（5）服务态度主动、热情，维持场地秩序，礼貌劝阻游泳客人不要有违反规则的行为和非游泳客人在游泳池区域游玩、拍照。

（6）负责场地的卫生清洁，每日营业前做好游泳池、休息区、更衣室的清洁。

（7）负责清洁物品和工具的保管，将设备设施摆放整齐，保持各种设备、救生器材完好。

（8）检查池水水质和温度是否符合标准，注意观察池水的变化情况。

（9）提醒客人注意保管好私人物品，发现客人遗留物品及时上交。

（10）池水水质每日检测两次，水温每日上午、下午、晚上各测量一次。按时向客人公布室内和池水的温度、湿度。

（11）负责制订购买净化药物和其他物品的补充计划，并提前上报仓库保管员。

（12）负责保管与销售泳衣、泳帽及其他体育用品，并做好每周盘点工作。

2. 游泳池的服务流程

（1）营业前准备

1）提前到场做好池水净化工作。采用先进的水处理设备，运用活性炭及天然石英海砂多级吸附过滤，负压输入标准含量的液氯、臭氧消毒，使水质更湛蓝、清澈，其水质、净度符合国家游泳池用水标准。

2）搞好池边及周围设施的卫生工作，包括瓷砖、跳台、淋浴间地面、镜子及卫生洁具等。

3）准备好营业用品，如各种酒水、小食品等。

4）检查更衣柜的锁和钥匙，淋浴室内的冷热水开关。备好洗浴用品，如浴巾、沐浴液、洗发液等。

5）整理好自己的仪表，准备迎接客人。

（2）迎宾

1）顾客来时，应主动热情地向客人打招呼，表示欢迎。

2）礼貌验票，准确记录顾客姓名、房号、到达时间、更衣柜号码等。

3）顾客更衣后，主动引导顾客进入游泳池。

（3）游泳池服务

1）游泳池救生员

①严格执行有关游泳规定，维持正常秩序。对饮酒过量或患有皮肤病的客人谢绝入内，并提醒客人若患有心脏病、高血压、中耳炎等疾病或过饥过饱、剧烈运动后等情况下，不宜下水。

②负责客人的游泳安全，密切注意池内泳客的动态，发现险情及时处理，并向有关领导汇报。

③提供饮料、订餐、发放救生圈等服务，负责每天的清场工作。

2）更衣室服务员

①认真做好泳客登记、发放更衣柜钥匙和浴巾的工作。

②坚守岗位，注意出入更衣室客人的动态，对客人的生命和财物负责，发现情况及时汇报和处理。

③对遗留物品要做好登记和上交工作，负责游泳池物品补充，统计和填写交班本。

④负责为泳客提供饮料和送餐服务。

⑤负责更衣室设备保养和报修工作。

3）游泳池水质净化员

①熟悉池水净化工作，负责游泳池水质的测验和保养。

②熟练掌握机房内机械设备的性能及操作规程，负责保养、检查和报修工作。

③保证池水清澈、透明、无杂物、无沉淀物、无青苔，水质符合卫生标准，每日作好水质分析化验。

④负责游泳池机房、工具房的清洁卫生工作，保管好净化工具、净化物品。

⑤负责制订净化药物和其他物资的补充计划。

（4）送别客人

1）将客人送至门口，并向客人道别，欢迎客人下次再来。

2）将客人使用过的浴巾送洗衣房，并更换新浴巾。准备迎接下一批客人的到来。

三. 游泳池设备管理

1. 游泳池种类

（1）标准游泳池。标准游泳池作竞赛用的设有观众席，作练习用的则不设观众席。游泳池的尺寸规格和设备应符合比赛标准。一般池的平面尺寸为长 50 米，宽 25 米，水深 1.8 米。

（2）标准跳水池。标准跳水池分为带观众席和不带观众席两种，但池的规格和设备要求都符合比赛标准。平面尺寸为长 21.5 米，宽 15 米，水深 3.5～5 米，有跳水高台和跳板。

(3) 综合池。综合池就是为了达到一池多用的目的，把池的面积增大，池的深浅有变化，设深水区和浅水区，可满足不同游泳者的要求。在尺度规格上用大于、等于标准游泳池规格的池面和水深，达到比赛和练习的要求。把水面和深浅加以分隔（用浮标或水中拦网），供不同年龄、不同游泳技术水平、不同游泳项目要求人使用。

(4) 其他类型

1) 普通游泳池。平面形状尺寸不限、水深不限，一般水深1.6米左右。

2) 花样游泳池。平面尺寸长30米，宽20米，还有长宽均12米的，水深应在3米以上。

3) 水球池。平面尺寸长33米，宽21米，水深在1.8米以上。

4) 潜水池。平面尺寸长3.6米，宽5米，水深1.5～5米。

5) 制浪池。平面尺寸长大于或等于25米，宽大于或等于5米，水深1.5米左右。

6) 戏水池（儿童池、水滑梯）。平面形状尺寸不限，水深一般不超过1米。

2. 标准室内游泳池的设计要求

(1) 设施、设备要求

1) 游泳池设计合理，面积大小、深度及池内设施与国际比赛标准相适应。

2) 游泳池定期换水，保持干净无污染。

3) 室内游泳池照明充足，光线柔和。

(2) 配套设施要求

1) 游泳池旁边要有与接待能力相应档次与数量的男、女更衣室，淋浴室和卫生间。更衣室配带锁更衣柜、挂衣钩、衣架、鞋架与长凳。

2) 淋浴室各间互相隔离，配冷热双温水喷头、浴帘。卫生间配隔离式坐式抽水马桶，挂斗式便池、洗盥台、大镜及固定式吹风机等卫生设备。

3) 各配套设施墙面、地面均满铺瓷砖和大理石，有防滑措施。

4) 游泳池内设饮水处。

5) 各种配套设施材料的选择和装修，应与游泳池设施、设备相适应。配套设施完好率不低于98%。

3. 室内游泳池环境管理

(1) 游泳池门口设营业时间、客人须知、价目表等标志标牌。

(2) 标志牌设置齐全，设计美观，安装位置适当，有中外文对照、字迹清楚。

(3) 池水保持恒温，常年在26～28℃，冬季室温为25℃左右。

(4) 自然采光良好，换气量不低于303立方米/(人·时)。

(5) 整个泳池环境美观、舒适、大方、优雅。

4. 室内游泳池卫生管理

(1) 游泳池卫生随时清洁，池内、池外无杂物。

(2) 所有用品及用具摆放整齐、规范。

第六节 健身房服务与管理

培训目标

➔ 了解健身运动的基本知识，掌握健身房的服务流程

➔ 能够管理健身房设施、设备

一、健身运动概述

1. 健身运动的特征

健身运动是康体运动项目的一种，即凭借特定的健身设施和场所，通过适度的运动量来达到强身健体目的的运动项目。室内健身运动往往集中在一个多功能健身房内，健身房环境设计具有一定要求，使运动者如同在大自然中运动健身。房内设有各种具有模拟运动的器械。健身房还提供运动衣、运动鞋，配有健身教练，并为每个会员制订科学、详细的健身计划。健身房往往集田径、体操、举重等活动为一体，不同运动项目可以达到不同的健身效果。参加者可以根据自身情况自行选择和有计划地进行康体活动。

2. 健身运动训练项目分类

(1) 心肺功能训练项目

1) 跑踏步运动项目。这类运动是指通过使用踏步机、跑步机、登山机等运动器械达到增强心肺功能、增强体质目的的健身运动。训练者使用相应的运动器械，就可以原地做踏步、快速短跑、长跑，甚至可以进行马拉松式和登山式跑步运动。这类器械的跑踏板非常灵敏，训练者可以自己掌握训练节奏的快慢和训练的强度与方式。当跑步者需要停下来时，只要用手按一下扶手，跑踏板就可以自动停止，以避免发生危险。进行这类健身运动的器械往往配有热量消耗显示和心率监测装置。这样，训练者既可以直接了解每次训练所消耗的热量，还能及时掌握训练时的脉搏次数，以便随时控制训练强度。

2) 骑车运动。骑车运动又叫骑自行车运动。这种运动是蹬踏原地不动的、类似于自行车的运动器械，通过模拟骑自行车上下坡和平地运行的逼真感觉，达到运动健身目的的运动项目。这种自行车有电脑显示器，可以准确地记录骑车的速度、地势以及运动者心跳的速度。运动者还可以根据需要自动调节地势和骑车速度。

3）划船运动。划船运动是通过原地不动的、类似于船舶功能的运动器械，进行模拟划船比赛的康体运动。在这种活动中，客人如同坐在一条长凳上，运动时，脚的蹬动和手的拉力等感受与划船一样，对增强心肺功能和锻炼手臂肌肉是十分有利的。

这里所说的跑踏步、骑车、划船等康体运动不同于一般的跑步、走步和登山运动，这种运动可以使训练者在进行跑踏步时，通过手臂推拉上下协同训练，使身体75%以上的肌肉得到锻炼，所以锻炼强度和效果是一般的骑车、划船所无法比拟的。进行这种运动时，其空间范围是有限的，位置是固定的，因此，可以一边看电视、听音乐一边进行训练，是集健身和娱乐为一体的好项目。

（2）力量训练项目

1）举重运动。举重运动是通过推动可调节重量级的举重架，达到举重效果的一种运动方式。这种运动在增加重量级时，只要将举重架后架上的铁块插入举重者所需要的重量处即可。这种运动是一种训练臂力和胸部等的力量型运动，又是极为方便的运动。

2）健美运动。健美运动是在多功能组合健身架上完成多种动作的康体运动。这种运动所用的器械使用非常简便，既有单一功能训练某一部位的，也有综合训练各个部位的，并且具有多功能组合型和占地小的特点，所以很受客人喜爱。这项运动可以达到健美、健身、减肥的目的。人体美的标准是体格健壮、体型匀称、肌肉丰满、精神饱满、姿态端正、举止灵敏而又洒脱，充满青春的活力。在健身房有计划地进行健美运动，能使人体肌肉变得健壮有力、匀称美观。

二、健身房服务

1. 服务员岗位职责

（1）严格执行酒店和本部的各项规章制度。

（2）辅导客人正确使用各种设备或训练方法。

（3）坚守工作岗位，勤巡查，确保客人安全运动，及时劝止客人的违规行为。

（4）负责运动器材的检查、报修、保养工作，经常擦拭运动器材，保持器械洁净，出租或收回器械要认真检查质量。

（5）负责健身会员的资料管理工作，每月底上交会员情况报表。

（6）负责客人健身活动的预订、开单、接待服务工作。

（7）负责健身房、更衣室和淋浴室的环境卫生清洁工作，保持卫生整洁，空气清新，使其各项卫生指标达到规定的标准。

（8）负责营业前的各项准备工作，每天按时准备好各项营业用品，如需补充，应及时申领，保证营业期间的供应。

（9）负责指导客人做好运动前的各项准备工作，并向客人讲明注意事项，提醒客人注意运动安全。

（10）在客人运动休息期间为客人提供饮料和休闲食品以及其他服务。

（11）认真执行酒店的交接班制度，做好交接班工作记录。

2. 健身房服务流程

（1）营业前准备

1）上岗前应先做自我检查，做到仪容仪表端庄、整洁、符合上岗要求。

2）主管或领班提前到岗分配工作、提出要求和检查员工仪表等。

3）做好环境布置工作，包括打开照明灯，使室内采光均匀；开启空调，使室内温度保持在18～24℃，相对湿度保持在50%～60%；打开通风装置及音响设备；做好营业前的清洁工作。

4）检查各种健身机械是否安全可靠，发现问题及时报修。

5）准备各种单据、表格、文具、毛巾、浴巾、纯净水和水杯等营业用品。

6）精神饱满地做好迎客准备。

（2）迎宾

1）面带微笑，主动迎候客人，并请客人在场地使用登记表上登记。

2）向客人发放钥匙和毛巾，将客人引领到更衣室。

（3）健身服务

1）客人更衣完毕，服务员主动迎候，征询客人要求，介绍各种健身项目，主动讲清要领并做示范。

2）细心观察场内情况，及时提醒客人应注意的事项，当客人变更运动姿势或加大运动量时，服务员应先检查锁扣是否已插牢，必要时须为客人换挡。

3）对不熟悉器械的客人，服务员要热诚服务、耐心指导，必要时要以身示范。

4）如客人需要，在其运动时可播放符合其节奏的音乐，运动间隙时，服务员要主动递上毛巾，并为其提供饮料。

5）客人更衣完毕，应主动征求客人意见，并及时汇报给领班。

6）如客人希望做长期、系列的健身运动，服务员可按照客人的要求为其制订健身计划，并为客人做好每次健身记录。

7）当客人示意结账时，服务员要主动上前将账单递送给客人。

8）如客人要求挂账，服务员要请客人出示房卡并与前台收银处联系，待确认后要请客人签字并认真核对客人笔迹，如未获前台收银处同意或认定笔迹不一致，则请客人以现金结付。

9）客人离别时要主动提醒客人不要忘记随身物品，并帮助客人穿戴好衣帽。

（4）送别客人

1）送客人至门口并礼貌向客人道别。

2）及时清扫场地并整理物品。

3）将使用过的毛巾送洗衣房更换新毛巾，做好再次迎客的准备。

三、健身房管理

1. 健身房设计与布局的一般要求

（1）位置要求。健身房的位置十分重要，应该设于接待处的附近，使参观者不用进入器械室内也能参观其中的设施，同时又不会打扰客人，使人感觉到整个健身房的活力所在。

（2）面积要求。健身房的设计与布局应根据企业大小及实际需要而定，可建成 50～100 平方米不等。内设慢跑自行车（原地）、划船（原地）等各类健身机和健身器。

（3）健身房设备要求

1）健身器材不少于 5 种，各种健身设备摆放整齐，位置适当，客人有足够的活动空间。

2）设备性能良好，用途明确。

3）配有配套体重秤。

4）在四周墙面的适当位置挂立镜，最好配有山水风光画，使运动者置身于自然环境中，并配有使用健身器材的文字说明和录像带。

5）各种健身器材始终保持完好、安全，其完好率达 100%。

6）设备设施若有损坏或故障，应停止使用，及时维修。

（4）配套设施要求

1）健身房旁边要有与接待能力（档次与数量）相应的男、女更衣室，淋浴室和卫生间。

2）更衣室配带锁更衣柜及挂衣钩、衣架、鞋架、长凳等。

3）淋浴室各间互相隔离，配冷热双温水喷头、浴帘。

4）卫生间配隔离式抽水马桶、挂斗式便池、洗盥台、大镜及固定式吹风机等卫生设备。

5）各配套设施墙面、地面均满铺瓷砖或大理石，有防滑措施。

6）健身房内设饮水处。

7）各种配套设施材料的选择和装修，应与健身设施设备相适应。

8）配套设施设备完好率不低于 98%。

2. 健身房的区域位置设计

一般而言，健身房应分成下列几个不同区域：

（1）伸展区。在健身中心的入口处设伸展区，给来宾做健身前的准备活动之用。

（2）心肺功能练习室。心肺功能练习室主要用于安置自行车及台阶练习器等心肺功能训练器材。这些心肺功能仪器要尽可能靠近房外有景观的地方。室内应装置空调设备、音乐系统及室内电视系统，并铺上软地毯。同时，设计时要在适当位置设电源。

（3）体能训练室。体能训练室主要用于放置各种独立式或综合式、单功能或多功能力量训练器材。同时要求放置力量器械装置的地方必须宽敞，并在适当的地方放一面镜子。

（4）哑铃练习区。一系列标准的哑铃必须放置于健身房一角。欧美最新的练习区设观赏坐席，方便会员及来宾参观。

（5）健康舞室和精神放松练习室。最新设计的健康舞室要求地台用枫木铺设，内置音响、喇叭箱及弹性设备，使地台随着音乐节拍震动。同时要求配备标准的空调设备、墙身镜子、柔和灯光、高频音响设备、室内电视及饮水机等。

（6）体能测试中心。一个完善的健身中心都必须有体能测试设备，以便客人在运动前检验一下自己的体格，并编排适合的运动程序及难度。体能测试中心的仪器应有身体成分测试仪、肺功能测试仪、心脏功能测试仪、身体柔软度测试仪、血压测量器和身高及体重量度器等，并设有小型电脑，记录客人的活动及编印报告表。

3. 健身房环境管理

（1）健身房门口应设立客人须知、营业时间、价目表等标志标牌。

（2）标牌设计要求美观、大方，有中外文对照，文字清楚，摆放位置得当，摆放整齐。

（3）健身房内应照明充足，自然采光度不低于 80 勒克斯，灯光照度不低于 60 勒克斯。

（4）室温应保持在 18～20℃。

（5）室内相对湿度应保持在 50％～60％。

（6）室内有通风装置，换气量不低于 40 立方米/(人·时)。

（7）适当位置有足够数量的常绿植物，以调节室内小气候。

（8）整个环境美观、整洁、舒适，布局合理，空气新鲜。

4. 健身房卫生管理

健身房的卫生质量应达到以下标准：

（1）健身房天花板光洁、明亮，无蛛网、灰尘。

（2）墙面粘贴高级墙纸，美观大方，无灰尘、污迹、脱皮现象。

（3）地面无灰尘、垃圾、废纸。

（4）所有健身器材表面始终保持光洁、明亮，无污迹、汗迹、手印。

（5）各种设备均无沙尘、印迹。

（6）饮用水透明、洁净，符合国家卫生标准。

（7）其他要求，如健身房尽可能安装玻璃窗，使客人能看到房外的景观。

第3单元 酒店娱乐项目管理

娱乐项目是指通过提供一定的设施、设备和服务，使顾客在参与中得到精神满足的游戏活动。娱乐类项目的特点是其活动顾客的主动参与性较强，其主要功能是使参与者得到精神和情趣上的满足。娱乐项目与康体项目既有区别又有联系。其区别在于康体项目多为体育运动转化而来，娱乐项目是以娱乐功能为主的游戏活动；其联系在于这两类项目都具有很强的娱乐性和趣味性。

目前常见的娱乐休闲类项目有歌舞厅、KTV、棋牌室、游戏机厅等。

第一节　歌舞厅服务与管理

培训目标

- 了解歌舞厅的环境布局及节目设计编配知识
- 掌握歌舞厅的服务程序

一、歌舞厅环境设计及布局

1. 舞厅种类

改革开放初期，舞厅曾被认为是活泼的年轻人玩乐的地方，另有一些排场豪华的舞厅，则以交际应酬的性质为主。就当时而言，舞厅意味着灯红酒绿的不良场所。随着我国经济的迅速发展，人们休闲意识高涨，夜生活逐渐丰富，舞厅、夜总会、新式的迪斯科舞厅一跃成为休闲生活的宠儿。歌舞厅成为青年和许多上班族主要的交际空间。欢乐奔放的舞厅气氛不单单受年轻人的喜爱，许多中老年人士对舞厅也有一份难得的钟情。现在，舞厅已成为大众性娱乐休闲场所。

舞厅可以起到排忧解闷的作用，在有限的空间里，配合各种创意兼科技的手法，让人们一踏入舞池便感觉置身于热闹的氛围中。一流的灯光、音响在 DJ（disco jockey 的简称，港台译作“唱片骑师”，意即“驾驶唱片的人”）的妙手下操控，只要随着音乐款款摆动，便能享受心灵解放的欢愉。

跳舞是都市人喜爱的休闲方式之一，在休闲生活多样化的今天，五花八门的舞厅类型，更可让人择其所好。

（1）迪斯科舞厅。迪斯科是英文“disco”的音译。它的动作特点是胯部、膝部带动全身随节奏摆动、扭动或转动，动作自由，活动量大；伴奏乐为摇滚曲，节奏鲜明强烈，速度快。迪斯科舞厅是年轻人流连忘返的乐园，和其他综合性舞厅相比，这种纯粹跳舞的迪斯科舞厅非常强调舞场的风格，除了聘请专业 DJ 主控全场气氛外，还聘请摇滚乐队领舞和现场表演，以鲜明的音乐风格吸引固定的消费群。

进入迪斯科舞厅，门口即有服务人员带位，跳累了可以到吧台点一杯饮料解渴。大部分的迪斯科舞厅均凭门票入场，有时门票费中还包含一杯饮料。开放式的舞池是所有迪斯科舞厅的共同点。迪斯科舞厅的规模有大有小，均附设有提供休闲吧台的闲坐区。一些场地较大且具知名度的舞厅甚至设有 VIP 包房区，可以享有独立而不受干扰的空间。一流的舞台设计配合动感的音乐，加上精心设计的灯光音响设施，迪斯科舞厅总能使舞者感到心绪沸腾。

(2) 交际舞厅。这是一种有有工作人员提供伴舞服务的正式舞厅，是所有舞厅中历史最久、最具特色的一种。这类舞厅多采用U形的坐台区，中间为开放式的舞池，灯光幽暗，舞曲则以抒情歌为主，舞步多为舒缓的交际舞，各种年龄层的消费群皆有，而酬酢往来的场面亦属常见。

(3) 卡拉OK舞厅。这是一种卡拉OK与舞厅相结合的经营形式，既能满足客人演唱KTV的需要，又能让客人随着音乐起舞。舞池、灯光和音乐则经特殊设计，让消费者能随着舞曲热舞一番。

这种舞厅最大的特色是在墙上设有大型投影银幕，给人全新的视觉及听觉享受，客人跳起舞来感觉既兴奋又刺激。

2. 歌舞厅重点区域设计与布局

歌舞厅内外环境的营造有着很大的变迁性、多元性和流行性。随着时间的推移，人们审美意识和生活观念逐渐变化，这使得歌舞厅装饰不断变革与更新。但无论怎样变化，都不能脱离功能和美感的统一、视觉和心理的统一、人文感和时代感的统一。以下就是一些歌舞厅环境设计重点区域的介绍：

(1) 歌舞厅门面

1) 标牌醒目大方、美观实际、色彩鲜明，可采用可变霓虹灯装饰，安装位置合理，有书写规范的中外文对照。

2) 应设立字迹清楚的营业时间表、方向指示牌、促销海报、水牌等。

3) “客人须知”经当地公安机关审核，符合安全要求。

(2) 迎宾区

1) 迎宾区设在大门口处，有服务人员负责检票、解答来客问询及小件寄存，并引领来客。

2) 服务台外观形态必须与歌舞厅规模、等级一致。材料应选择经久耐用、易于清洗的大理石或磨光花岗石及硬木等。

3) 可采用强度彩色照明，以加强区域过渡感，并带来热情迎宾之感。

(3) 吧台

1) 歌舞厅吧台注重装饰的风情格调，气氛独特。设置吧台，可以直接向客人展示酒水和当面制作鸡尾酒，引起客人购买欲，也便于酒水管理。

2) 酒吧的面积指标是1.8～2.0平方米/座。吧台是酒吧的中心，其形式有直线形、V形、U形和环形等。酒杯、酒瓶挂放应给人以精美感。

3) 吧台设计应符合歌舞厅的风格氛围，达成一致协调情调。

(4) 舞池

1) 舞池环境

①采用硬木质地板或花岗岩地板，休息区内铺满阻燃地毯。一般多设变幻不定光源及激光环绕高保真音响设备。

②舞池天花板、墙壁采用吸音材料，耐磨、防污、防刮损，其色彩选择应

适当自然、清雅大方、气氛宜人。

③舞池灯光是重中之重，运用灯光的明暗、色彩或光线的分布创造可组合出多种光线，增强舞池的效果。还可以通过灯光的特殊气氛与音乐的和谐搭配达到理想的效果。常用舞池灯光有光束灯、宇宙旋转灯、声控条状满天星、彩色转盘灯等。

总之，舞池灯光风格各异，应根据舞台大小及功能需要来选择。

2）舞池设计。舞池设计既要能增强娱乐效果，制造气氛，又要能吸引客人，同时舞池设计应当遵循方便客人跳舞娱乐的原则。

因舞厅的空间有限，舞池设计可采用以下两种方法：

①概念性舞池。这种舞池在地面装修时采用特定的方法制成概念性方形和圆形舞池，如用特殊色彩的或地板下面装有可变化的彩灯。概念性舞池采用同一平面，可大可小，有伸缩性。

②采用特殊的材料设计成专用的舞池。这种舞池或高于或低于舞厅平面，舞池的地面常采用铜地板或玻璃地板。

总之，舞池的设计要达到顾客能相互直接交流并创造共同娱乐气氛的目的。

另外，舞池设计要求面积应与舞厅大小相协调，与接待人数的能力相一致。同时，通风良好，空气新鲜，换气量不低于30立方米/小时。室内温度保持在21～22℃，相对湿度50％～60％。具有必备的安全设施，安全门的标志灯应清晰可见，并备有应急照明设备。

（5）舞台

1）舞台主要是供伴奏乐队和演员使用，也是客人注意力的集中点，故应当遵循既方便表演又方便观看的原则，也应当达到演员和宾客能相互直接交流，共创娱乐气氛的目的。

2）为了提高娱乐效果，提供表演的舞厅可设立华丽的巨型舞台空间、立体豪华的灯光设备，并以电脑自动操控，以期演出精彩、吸引顾客。

3）舞台设计可采用延伸式、阶梯式或一侧式。室内设计以舞台为中心，座位呈半圆扇状式排列。全部面向舞台，座位前应设有桌子供餐饮用。

（6）洗手间

1）歌舞厅客人集中，密度较大，娱乐时间长，运动量的增加会导致新陈代谢加快，因此，洗手间设置应考虑方便性，平均每100个台位应设5个厕位。洗手间要装修干净明亮，公共通道和洗手间前应设衣帽间作为缓冲区域。

2）应设置与环境相协调的穿衣镜、面盆、烘手机等。

（7）服务准备区

1）餐间因存放各种杯盘瓷器、消毒器具及小型机器，应注意隔断清楚、简洁大方，以透明材料较好，一目了然，方便取存。

2）仓库可依歌舞厅规模及消费档次设定，不宜过多储备。

3. 歌舞厅总体环境及卫生要求

（1）歌舞厅设计高雅、美观大方。

（2）天花板、墙面装饰高档、舒适。

（3）舞池上空设变幻彩灯，五光十色。

（4）天花板、墙壁采用吸音材料，耐磨、防污、防刮损。

（5）厅内灯光采用可控开关控制。

（6）休息区设咖啡桌、座椅，适当位置设酒吧台，为客人提供小吃、饮料服务。

（7）室内舞厅装饰独具风格，建筑物、家具、用具相互协调。

（8）花草、盆栽、盆景摆放位置适当，起到调节小气候的作用。

（9）整个舞厅各种设施、设备整体布局协调、美观。

（10）舞厅室内外过道整洁。

（11）天花板、墙面及装饰物光洁明亮，无蛛网、灰尘、污迹、印迹。

（12）地面整洁，无废纸、杂物、垃圾和卫生死角。

（13）各种机械设备摆放整齐，擦拭干净。

（14）客用杯具、餐具每餐消毒，未经消毒不得重复使用。

二、歌舞厅节目设计编排

歌舞厅的节目设计内容及质量、风格及层次是衡量整个歌舞厅经营方向、理念和品味的一道浓墨重彩的风景线，不仅是一个重要的环节，也是经营的关键。节目的设计不是一成不变的，而应该灵活多变地针对客人来源、风俗、信仰、喜好及特点，有针对性、独特性地展现出来，以期达到节目的设计与歌舞厅档次、类型相适应，具有独特民族和地方特色并能反映时代特征及流行趋势，引导、提倡高品位的趣味。

1. 节目设计形式

（1）歌舞表演。这是较为流行的节目，专业或业余歌舞团队带来的风格各异的歌舞表演，给客人耳目一新的艺术享受。

（2）歌曲演唱。一般以演唱大陆及港台流行歌曲及少量欧美流行音乐为主。目前国内有许多大中城市的歌舞厅根据顾客不同层次的需求，大都设有高雅音乐欣赏室（厅），以独唱、重唱、合唱等表现形式演唱中外民歌、中外艺术歌曲，倡导高雅文化，塑造企业形象。

（3）民族戏曲。我国民族戏曲丰富多彩，它们来自广大劳动人民世代的生活积累。今天，经过提炼和艺术加工的民族戏曲不仅受国人喜爱而且深受外国友人青睐。

（4）器乐演奏。多种组合形式的器乐演奏与民族乐器演奏给客人带来了视觉与听觉的享受。充分利用好歌舞厅，可有计划、有步骤地引进中外古今的佳作，把高雅文化艺术推向歌舞厅。同时也让各地客人了解当地风土人情，展示各地特色。

2. 酒店常见娱乐项目

酒店常见娱乐项目如下见表 3—1。

类型	项目	特 点
音乐演奏	爵士音乐（Jazz）	爵士音乐在 19 世纪末、20 世纪初起源于美国新奥尔良的贫民区，是当地黑人文化和欧洲文化结合的产物。以即兴创作为标志，其节奏感强烈。爵士音乐既可以独奏，也可以以任何一种方式组合。乐器编制常由鼓、低音提琴或低音吉他、钢琴或吉他（常用扩音器）组成，充当其他乐器的节奏跳板。其他乐器绝大多数是管乐器，主要有小号、长号和萨克斯
	轻音乐	轻音乐是指一种结构短小、轻快活泼、抒情优美、通俗易懂和娱乐性较强的音乐形式，是最易为人们所理解和接受的一种音乐体裁。“轻音乐”名称的由来与兴起于 19 世纪的轻歌剧有关。好的轻音乐常常充满生活气息，反映健康的娱乐生活和爱情生活，表现出朝气蓬勃的乐观情绪
	摇滚乐（Rock& Roll）	摇滚是指三和弦加强硬持续的鼓点再加上口的旋律。摇滚乐的正式产生是在 20 世纪 50 年代中期，但是这个名词在 20 世纪 50 年代初期就已出现。1951 年，克利夫兰电台唱片节目主持人艾伦·弗里德（Alan Freed）从一首节奏布鲁斯歌曲《我们要去摇，我们要去滚》（We're Gonna Rock，We're Gonna Roll）中创造出了“摇滚乐”（Rock n'Roll）这个名词。1955 年，电影《黑板丛林》（Blackboard Jungle）的上映对摇滚乐的产生带来了巨大的影响。摇滚乐主要包括重金属、另类金属、独立摇滚、工业金属、后车库、前卫金属、黑色金属、哥特金属、朋克、蓝调摇滚、无政府主义朋克、英伦摇滚、凯尔特摇滚、华丽摇滚、复兴朋克、山地摇滚等。真正的摇滚文化至少可以提炼出这样一个缩微的全貌：嬉皮文化、艺术摇滚、朋克乐、先锋音乐、重金属等
	民乐	民乐乐曲的类别大致可分为弦乐、鼓吹乐、丝竹乐、吹打乐、锣鼓乐，其中以吹打乐或锣鼓乐最为常见
	乡村音乐	乡村音乐出现于 20 世纪 20 年代，它来源于美国南方农业地区的民间音乐，最早受到英国传统民谣的影响。主要依靠小提琴、吉他和班卓琴等弦乐器
	蓝调（Blues）	蓝调音乐始于 20 世纪初美国的南部。本为贫苦黑人劳动时呐喊的短曲，而其中也混合了在教会中类似朗诵形式的节奏及韵律。蓝调音乐很注重自我情感的宣泄和原创性或即兴性。蓝调音乐的类型主要包括现代蓝调、跳跃蓝调、口琴蓝调、电子蓝调、三角洲蓝调、经典女性蓝调、乡村蓝调、综艺蓝调、城市蓝调、德克萨斯蓝调、沼泽蓝调、灵魂蓝调、钢琴蓝调、纽约蓝调、新奥尔良蓝调、孟菲斯蓝调、爵士蓝调、民谣蓝调、原声蓝调、早期美国蓝调等

续表

类型	项目	特　点
戏曲表演	说唱	说唱主要是以简单的乐器伴奏，交相采用说话和歌唱两种形式来讲唱故事。说唱是一种十分灵活、不受太多限制的艺术。说唱艺术主要是由歌唱和说话两者交错组成，一般以叙述为主，以唱为辅。有坐唱、立唱、走唱
	相声	相声，正如同日本的“落语”、美国的“脱口秀”（talk show）一样，都是以语言为工具，以逗笑为目的。相声是笑的艺术；笑是相声的灵魂，讽刺只是手段。中式长衫是相声表演者的固定穿着，扇子则是必备道具，其可以增加演出效果。表演的方式大致而言可分为单口相声、对口相声及群口相声，表演的手法是说、学、逗、唱
歌舞表演	话剧	话剧以直击人性、直击时代的思想性与集文学、表演、艺术、美术、歌舞等于一体的艺术性不断地征服一代又一代的观众。在不同的历史时期，精彩的话剧不仅为观众带来欣赏的愉悦，还带来了思想的快感
	舞台剧	舞台剧是融合了舞台艺术、歌唱艺术、表演艺术、灯光艺术等于一体的戏剧表演。其形式多样，内容没有限制且用生活化的语言来表达，使得舞台剧逐渐得到人们的喜爱
	爵士舞	爵士舞是自然的情绪表现，随着节拍手舞足蹈，将隐藏在心中的感情化为动作宣泄出来。它可以满足人的形体创意，是除了音乐以外，舞蹈是最容易传达人类感情的媒介。爵士舞是世界上内容最丰富、最富变化的一种舞蹈。爵士舞可分为 3 种类型：第一种是具有强烈古典芭蕾味道的现代爵士舞，第二种是受到黑人及拉丁舞蹈影响的非洲爵士舞，第三种是掺杂了诙谐音乐与踢踏舞的混合爵士舞
	现代舞	现代舞的表现形式有独舞、双人舞、3 人或多人舞、小组舞、群舞及团体舞等，其中以 3 人或多人舞的表现形式为常见。现代舞的展示是自然的、自由的、开放的。因此，对布景和道具的要求简单。现代舞是主观意识的传达，观众在观赏时，也是以个人的观点来理解，理解得愈多，就愈能产生共鸣
	民族舞	民族舞蹈代表了某一个国家和民族的特殊文化，具有强烈的地方色彩。民族舞蹈有一个广阔的空间，它可以和工作、生活、爱情、文化、社会、风俗习惯发生极密切的关系，既具有自娱性，又具有群众性
	土风舞	土风舞是一种富有乡土风情的舞蹈，也是民族风俗习惯与传统的一部分，具有强烈的地方特性。从舞蹈的发展过程来看，土风舞的历史比宗教舞蹈或其他舞蹈的历史都要古老。它是经过长久的岁月，在地理、历史、文化、风俗、气候、思想等因素的孕育下自然形成的

续表

类型	项目	特 点
歌舞表演	时装表演	时装表演源于法国，发起人是英国人沃思（Charies Frederick Worth）。通过表演把时装信息传达给公众以期引导潮流。时装表演讲究时装气氛与舞台效果，可分为3种类型： 流行趋势型表演，即时装综合表演，有高级时装表演和大众时装表演两种，目的在于推出时装 销售引导型表演，即宣传产品的时装表演，目的在于推销 欣赏型表演，即设计师的专题表演。时装模特借助体态和动作传达服装的时代感和美感

三、歌舞厅专业演出人员配备与管理

1. 节目主持人

主持人几乎等于歌舞厅节目的灵魂，其串场的灵活、临场的反映和机智程度，是使整个节目得以顺畅进行的关键。此外，为了配合节目，节目主持人还必须要具备良好的口才、唱歌、演戏等才能，有的还要参与节目的设计。节目主持人需要有较高的音乐素质，集歌、舞、谈等技能于一身，并有丰富的主持经验。为使节目热闹，表演场有时设有两个以上的节目主持人搭配合作。

主持人在活动中占有重要地位和作用，对活动有很大的影响，应具备以下几个条件：

（1）仪表端正，热情好客，性格开朗，具有社交技巧。

（2）知识面广，对自己职责范围内的情况了如指掌，对所用设备、歌手演唱特点和来宾大体情况有较全面的了解。

（3）有较强的语言表达能力和处理意外情况的能力，能主动协调和解决歌手、服务员和客人之间的矛盾。

（4）懂得舞台常识，并有一定的实际工作经验，懂得并能把握顾客的心理变化。

（5）较熟悉娱乐界的情况，自身具有一定的表演特长。

2. DJ 和乐队

（1）DJ。DJ 分为电台 DJ、迪斯科 DJ、餐厅 DJ 等。DJ 是音乐休闲中心的灵魂人物，是负责点播歌曲及控制灯光的专职人员，须具备以下条件：

1）熟悉一切灯光、音响设备的性能和使用技巧。

2）能处理一些设备方面的技术问题。

3）动作迅速，头脑敏捷，能正确使用、保管和妥善维护各种设施设备。

（2）乐队。乐队是现代伴唱音响无法替代的，在伴舞伴唱及表演中有现场感，乐队与顾客直接交流，能活跃现场气氛，能使客人的情绪与乐曲的起伏融为一体。应聘请经国家批准成立的、有营业执照和演出经营许可证的乐队。爵士乐队主要以萨克斯、吉他、曼陀林为主要乐器，摇滚乐队由小号、长号、萨克斯、单簧管及打击乐器组成。

3. 领舞和伴舞人员

领舞和伴舞人员是歌舞厅经营中不可缺少的组织部分。领舞多在迪斯科舞厅，能带动全场客人跳舞，营造良好的舞厅气氛。伴舞，即陪舞，是指女性服务人员作为客人舞伴陪客人跳舞，能引导客人消费。这里需要特别提及的是陪舞是舞厅经营的基本服务项目，应严格与卖淫嫖娼行为区分开来。

4. 演出队伍

在歌舞厅从事表演性娱乐项目的服务员或表演队伍，其一般有两种形式：一种是专门聘请有某方面特长的艺术家来客串表演，增加影响力；另一种则是由歌舞厅自己组织一支专业演出队伍。前者由于演员要跑好几个场，在时间和人员安排上隐藏着很大的风险性，若出现空场情况，则须主持人灵巧、机智地掌握、安排替代的节目，进行很好的衔接。后者可以更好地进行节目的组织和流程的控制，保证演出顺利进行，但由于演员固定，时间一长，容易使客人特别是常客感到厌倦、乏味而更换娱乐场所。因此，歌舞厅的专业演出队伍必须具备以下的业务素质：

（1）灵活性强，能迅速适应客人的需求，及时更换客人喜欢的节目。

（2）能充分发挥自己的潜质，编排一些有创造性和吸引力的节目。

（3）多才多艺，“吹拉弹唱”无所不能，能在特殊情况下及时“救场”。

（4）经常参加训练，不断加强、提高自身的业务水平，减少演出中的失误。

（5）认真、投入地进行高质量的演出，能以自身技术来感染、带动全场客人的情绪。

总之，两种服务方式，各有利弊，歌舞厅应在可能的条件下两者兼而有之。既有自己扎实的演出队伍，又可聘请一些有特殊技艺的艺术家进行客串表演，以增加其知名度，使节目丰富多彩，很好地控制全场气氛，满足客人需求，增加客源。

四、歌舞厅的服务程序

1. 营业前准备

（1）每天上班提前 5 分钟换好工作服，整理仪容，要求仪表端正，穿着清洁整齐，面带微笑，谈吐文雅，然后签到，由领班分配工作。

（2）清洁歌舞厅内外卫生，擦拭小餐桌、座椅、沙发及地面和其他营业用品，将桌上的饮料价目表、蜡烛、桌号签摆放整齐。

（3）调试歌舞厅灯光、音响设备，发现异常要及时排除故障或请工程部门协助维修。

2. 迎宾

（1）客人来到时，门口服务员负责收验票并随时提示客人注意事项，维持入场秩序。

（2）厅内服务员应主动迎接问候，并引导客人入座，按客人需求及时提供酒水服务。

3. 营业中服务

（1）服务过程中注意观察客人，加强巡视，适时补充酒水饮料。

（2）注意照顾老幼和行动不便的宾客。

（3）保安人员负责维持秩序。

（4）节目演出期间，服务员应保证场内安静。

（5）勤换烟缸，斟酒，收拾杯碟及台面杂物。

（6）大厅客人点歌后，应将点歌单及时送到音控室，由音控室按先后顺序播放。

（7）包厅客人入座后，主动为客人调好音量，并介绍电脑点歌系统的使用方法。

4. 送别客人

客人结账后，主动送到门口，欢迎下次光临。

第二节　卡拉 OK 厅、KTV 服务与管理

培训目标

➔ 了解卡拉 OK 厅的空间规划和 KTV 的种类

➔ 掌握卡拉 OK 厅和 KTV 的服务流程

一、卡拉 OK 厅的服务与管理

1. 卡拉 OK 厅的空间规划

（1）舞池。舞池是卡拉 OK 厅不可缺少的空间，是客人活动的中心。不仅演唱者在演唱时可以在舞池中来回表演，舞池也为其他客人提供了随音乐起舞的空间。卡拉 OK 厅的舞池作为一种辅助场地，其面积应根据实际需要来确定。舞池在整个卡拉 OK 厅中所占面积应为 1/6～1/5。

（2）座位区。卡拉 OK 的座位区主要是用来接待散客的，也称散座区。散座区的空间规划要处理好两方面的关系：一是要散座区与舞池相配套，座位数是卡拉 OK 接待能力最直接的衡量尺度，一般要尽量有效地扩大散座区。相应的散座区座位数越多，舞池相应就应越大。二是要处理好散座区与 KTV 包房

的关系，KTV现已成为卡拉OK厅的重要消费场所，被越来越多的团体客人所接受，可以根据当地人的消费习惯来确定KTV的多少以及KTV的大小，总之要合理规划最大限度的接待能力。散客区的座位有火车座式、圆桌式或U形沙发式。不管怎样的座位形式都是围绕并面向舞池来布置的，都要能观看到大荧屏，否则应在各座位区附近上方悬挂电视。散座区以台号来确定坐席，便于服务和管理。

（3）KTV包房。KTV是具有卡拉OK功能的包房（KTV以及由其发展、演变而来的类似产品的服务与管理见本节标题二中的叙述），用来满足那些不愿被打扰的团体客人或友人聚会而提供的场所。KTV可根据接待人数需要设立小、中、大型的包房。KTV包房内设有隔音墙、高级沙发、高级环绕音响、大屏幕电视机、电视点歌台，有条件的应内设电话、舞池和卫生间。KTV包房一般以最低消费额方式出租，或以小时数出租。

（4）音控室。音控室是卡拉OK厅灯光、音响的控制中心。音控室不仅为卡拉OK散座区、KTV包房播放所点歌曲，而且对舞池的灯光、音量加以调节和控制，以满足客人的视听需要。音控室一般设在舞池区附近较为隐蔽的地方，一般能从音控室观察到舞池的情况。

（5）吧台。吧台是整个卡拉OK厅服务活动的中心，包括提供酒水、小食品果盘，送点歌单，为客人提供其他服务等。

（6）卫生间。卫生间是卡拉OK厅不可缺少的辅助设施。卫生间的卫生洁净程度、通风状况必须符合卡拉OK厅的档次，至少要符合卫生防疫部门规定的标准。

2. 卡拉OK厅的布置与管理

（1）卡拉OK厅的布置原则

1）在视觉方面，要使卡拉OK大厅每一个角落都能看到舞台上的节目表演和屏幕上的字幕、图像。

2）在听觉方面，要求音响清晰柔和，音量调节适中，避免出现尖锐、嘈杂的声音。

3）在桌椅摆放方面要求方便舒适，桌椅摆放应留有足够的空隙，以方便客人的进出和服务人员为客人提供果品、饮料。

（2）卡拉OK厅的布置与管理

1）卡拉OK大厅的布置

①大厅门口设有服务台，负责接待客人预订和迎送宾客。

②大厅设有散座区和包厢区。

③大厅配有大的投影屏幕，不同角度、位置配有电视屏幕，方便客人观赏。

④大中型卡拉OK厅演歌台配移动或无线麦克风3～5个。

⑤音控室与KTV包房和歌台保持一定距离。

⑥控制设备、线路齐全完好、隐蔽。

⑦整个卡拉OK厅各种设施设备配套。

⑧卡拉OK厅附设有为客人提供服务的酒吧和水吧。

2）卡拉OK厅的环境管理

①卡拉OK厅门面装饰美观、大方，名称标志醒目，设施设备完好。

②门前设营业时间、价目表、当地公安部门公告和客人须知等标志、标牌。

③标志、标牌齐全，设计美观，有中外文对照，字迹清楚，位置明显。

④包房内部装修风格各具特色，色彩、气氛、灯光宜人，协调美观，具有艺术性、时代感。

⑤墙面、天花板采用吸音材料，隔音效果良好。

⑥灯光柔和，可调节控制。

⑦卡拉OK厅室温控制在24℃左右。

⑧相对湿度50%～55%。

⑨通风良好，空气新鲜，无异味。

3）卡拉OK厅卫生管理

①卡拉OK厅内外过道整洁。

②天花板、墙面及装饰物光洁明亮，无蛛网、灰尘、污迹、印迹。

③地面整洁，无废纸、杂物、垃圾和卫生死角。

④各种机械设备摆放整齐，擦拭干净。

⑤客用杯具、餐具每次使用后应消毒，未经消毒的不得重复使用。

3. 歌单设计与点歌服务

（1）歌单包括的基本信息

1）歌曲的编号，方便客人按数字输入点歌信息。一般来说前三位是盘号，第四位表示A、B面，后两位表示歌曲号。

2）歌曲的名称，即客人所要点的歌曲名称。

3）歌曲的语种，如在歌曲后面标明国语、粤语、英语、日语、韩语等。

4）歌曲的出版商，在歌曲后面标明歌曲的出版商，便于客人点歌时选择。

5）歌曲的原唱者，歌曲的原唱者是吸引客人点歌的关键所在，应特别标明。

（2）歌曲的编排方法。歌曲的编排方法是决定点歌服务速度快慢的重要因素，客人都希望能够以最快的速度来点歌，然而由于歌曲编排的原因在很大程度上影响客人的点歌速度和消费水平，所以歌曲的编排方法应遵循一定的规律。

1）按影碟或出版商的唱片排列。这是一种最为简单的设计方法。首先将出版商的影碟或VCD、CD按顺序排号，然后对歌曲按A、B面顺序排列。例如宝丽金（国语）四A面编排如下：

编　号	歌　名	原唱者
375101	雾里看花	那　英
375102	我等到花儿也谢了	张学友
375103	同桌的你	老　狼
375104	好大一棵树	那　英
375105	众人划桨开大船	付笛声
375106	红红好姑娘	张　真
375107	透过开满鲜花的月亮	林依轮
375108	女人是老虎	李　娜

2）按字数设计。首先将不同的语种如国语、粤语等分类，然后按歌名的字数排列，如一字歌、二字歌、三字歌、四字歌等，每字歌都按编号、歌名、出版商、原唱者的顺序排列。这种设计方式打破了碟的限制，同一首歌曲会因不同的出版商有多个编号，这时歌曲的编号就显得特别重要。例如四字歌编排如下：

编　号	歌　名	出版商	原唱者
122108	等你回来	宝丽金	张学友
110210	等你回来	艺能	张学友
008202	等到今夜	宝丽金	黎瑞恩
003107	等你愿意	星光	李克勤
123109	等待黎明	华纳	杜德伟

3）按歌星排列。这里主要是指将各歌星的专辑影带都出现在歌单分类上。另一种是电脑储存播放设施中具有按歌星分类的功能，但不一定出现在点歌单上，只是显示在屏幕上。例如黎明专辑（B面）编排如下：

编　号	歌　名
421010	看上她
421011	中毒的爱情
421012	重爱轻友
421013	简爱
421014	爱比我重要
421015	呼吸不说谎
421016	Prina-dama
421017	梦想成真
421018	一生痴心
421019	你的爱永远多一些

4）按字母顺序排列。对于引进英语、日语原版歌曲较多的卡拉OK厅，可

将原歌曲按字母顺序进行排列。如英语按 26 个字母顺序排列，以“A”编排为例：

编　号	歌　名	出版商
516203	A Certuin Smile	宝丽金
505207	A Groovy Kind of Love	宝丽金
504105	A Hara Days Hight	宝丽金

（3）歌单的装帧设计。歌单的安排和装帧要体现卡拉 OK 厅的经营风格、管理水平。好的歌单往往能给客人留下深刻的印象，促成客人再次光临，甚至成为有些客人的收藏品。歌单的装帧设计应做到以下要求：

1）歌单的规格一般都采用大 16 开本，即 23 厘米×30 厘米。但不同类型的卡拉 OK 厅可根据歌曲的多少采用个性化设计。

2）歌单的封面应设计精良，色彩丰富、得体，并包括卡拉 OK 厅的标志、名称以及电话号码等告示性信息。

3）歌曲的字体应让客人在卡拉 OK 厅的灯光下能清楚辨认。忌用小字，行距要大，以增加清晰度。

4）纸张选择应合适，如纸质太薄会使字体显露在背面，造成字迹模糊，难以辨认，太厚又增加了歌单的重量。

（4）点歌服务。点歌服务是一项比较烦琐的工作，服务技巧性强，服务程序要求严格。点歌服务的好坏直接对整个卡拉 OK 厅的形象有重要影响。点歌服务是卡拉 OK 厅经营的核心，也是歌曲推销的关键。这就要求点歌服务员具有较高的服务技能，掌握歌曲推销的技巧。具体要求如下：

1）在客人入座后，服务员应及时递上点歌单、点歌纸与笔，并在一旁等待客人点歌；当客人点完歌后，服务员应上前双手接过歌单，送至音控中心。

2）点歌单传送应及时，并排好先后顺序，避免点歌曲目和顺序发生冲突，延误播放时间。若客人要求优先点唱，则与客人解释本卡拉 OK 厅的优先点唱收费制度，经客人同意后给客人办理歌曲的优先点唱。

3）在无客人点歌时，要避免冷场，除播放歌曲外，服务员应礼貌地提醒客人点歌。服务员对歌单上的歌曲应有一定的了解，并能对歌曲进行介绍。

4）服务员应当具备一定的音乐知识和良好的演唱水平，在客人需要帮助的时候，能提供伴唱服务。来卡拉 OK 厅消费的客人不一定都有很好的音乐细胞，当客人想唱某首歌而又有困难，或想唱男女声对唱而无合作者时，服务员的伴唱服务则是至关重要的，但要注意，伴唱一定是在客人提出邀请之后。

5）点歌服务要求服务员具有一定的应变能力，能活跃气氛，把客人的积极性调动起来。客人不根据歌单点歌而是口头点出某歌名时，服务员应立即判断出是否有此歌，大约在哪个唱片上，其编号是多少，并迅速查找到该歌曲为客人点歌。

6）在客人演唱时，服务员应礼貌地站在一旁并适时给客人赞美和掌声，以提高客人再次演唱的兴趣。

7）对于客人点唱的歌曲或点歌记录要保存好，并与音控中心保持联系，以便核对和最终结账。

8）服务员在点歌服务时不应急躁，催促客人或在客人没有作出决定时一直等在客人身边，而应具有正确的判断力和一定的应变能力，能够在需要的时候协调气氛，推销出更多的歌曲。

4. 卡拉OK厅服务流程

（1）卡拉OK厅的预订。接到预订电话后，服务员要主动介绍卡拉OK厅及各种包房的特色和价格，询问客人的要求、人数、到来时间、姓名等。若客人需要的座位或房间已用或已订，要主动介绍其他类似的房间和座位。确定后要清楚地向客人说明留房的时间，并立即在订房登记簿上做记录。

如果客人亲自前来订房，要主动带客人参观各种房间和座位。当客人确定所需的房间和座位后，应迅速通知有关人员做好准备，迎接客人到来。

（2）卡拉OK厅的接待准备

1）提前换好工作服，整理好服务台卫生专用品。

2）每日营业前整理好卡拉OK厅、休息区与卫生间的清洁卫生，包括走廊、地面、沙发、台面、音响屏幕设备。

3）认真细致地检查卡拉OK厅的设备设施，开业前DJ应做好调试安装、试唱。

4）保持各种设备完好。

5）正式营业前准备好为客人服务的各种用品，包括烟灰缸、点歌单、歌簿、酒水牌等。

（3）卡拉OK厅的接待程序

1）客人来到卡拉OK厅，主动迎接问候客人，询问是否有预订，如有预定，则带客人入座或进包房。咨客（引宾员）应在前面引路，然后通知DJ开机。

2）客人入座后，一分钟内开始服务，递送歌单、酒水牌、点歌单、铅笔。介绍歌单内容应主动及时，服务应周到、细致。

3）快速递送酒水饮料，送饮料入KTV包房时应先敲门。

4）在大中型卡拉OK厅，客人点歌后，点歌卡应在一分钟内送到音控室。

5）告知客人大致等候时间。

6）客人演唱歌曲，音量应调整适当，保证音质优美、图像清晰。

7）在单间歌厅客人点歌，电脑检索控制与传送设备完好，音像传送快捷。

8）在歌厅服务过程中，根据客人需要，及时补充酒水、小吃。

9）服务员加强歌厅巡视，维护歌厅秩序。

10）结账服务。客人要求结账时，服务员将计算好的账单夹在收款夹中入房给客人，并清楚地报出金额。收取款项后要言谢，并迅速将款项送给收银台结算并把零头找还给客人。

11）客人离座，应主动告别，欢迎其再次光临。

12）客人离座后的桌椅应在两分钟内清查完毕，准备接下一批客人。

二、KTV 的服务与管理

1. KTV 的特点

KTV（karaoke television）意即配有电视的卡拉 OK，现多指一组客人在一个配有良好音响设备、高清晰度画面显示屏幕以及有着舒适的客人活动区域的独立空间里进行卡拉 OK 的消费活动。曾经有专业人士指出，目前我国专门经营卡拉 OK 的歌厅都配有大屏幕投影作为图像媒体。就字面意思而言，KTV 应是指所有歌厅，可是 KTV 和传统的卡拉 OK 大厅相比，在经营特色上是存在着差别的：

第一，在空间设计上，卡拉 OK 大厅类似于餐饮经营中的厅面，而 KTV 则类似于餐厅的雅座、单间。无论是装潢设计还是家具配备和灯光选用，KTV 包房都比卡拉 OK 大厅更能突出设计主题，使前来消费的客人感受到更多样的文化气息，并能为客人提供较为隐蔽的自主活动空间。

第二，KTV 的空间独立性避免了不同的消费者在娱乐时的相互干扰，使得消费者在心理上感觉更轻松、自在、安全。

第三，KTV 使消费者点歌的随意性增加，也不需要再进行无谓的等候。

第四，KTV 的独立设计和包房的费用，为采用高新技术提供了便利的条件和经济基础。如现场录音录像功能，既增加了客人消费的娱乐性和纪念性，又增加了酒店的收入。

第五，KTV 因其所需活动面积有限，更容易与酒店里的其他消费活动相结合，形成新的消费形式。

所以，KTV 实际上是卡拉 OK 在经营形式上的新发展、新突破，它满足了人们更多的需求，而且赋予了卡拉 OK 新的概念。

2. KTV 的类型

根据酒店经营 KTV 的形式可把其分为以下 8 种：

（1）普通 KTV 包房。该种 KTV 包房多与酒店的歌舞厅或夜总会相结合，内在的设施设备较为简单，主要将包间分割为 KTV 演唱区域、供客人休息的沙发区域、储物区和小舞池区域。采用这种经营形式的主要目的是为了避免客人之间的相互干扰，减少客人点歌的等待时间，以及为客人创造出闹中取静的氛围，并通过收取额外的包房费用提高营业利润。

（2）餐饮KTV包房。餐饮KTV包房是与餐厅服务相结合的产物，多出现在餐厅雅间，主要是为前来消费的客人提供餐饮和KTV服务。消费者可在餐前、餐后或餐中利用KTV的设施设备进行娱乐活动，烘托用餐气氛，为整个进餐过程增加娱乐性，使就餐者不仅享用了美食，还获得了精神上的放松和享受。

（3）酒吧KTV。酒吧KTV是在酒吧中设置独立的小包房，既能使客人享受到主题酒吧独特的风情和酒水，又能使客人在相对安静的场合随意歌唱，自由活动，享受生活。

（4）自助式KTV。自助式KTV包房主要采用高科技的设备，客人根据自己的喜好和需要，使用遥控器等工具自主选曲，选点食物和饮料，整个消费过程自动化程度较高。该种形式的KTV所需服务人员较少，便于酒店降低人工成本，且在更大限度上给予客人自由的消费空间。

（5）量贩式KTV。量贩式KTV是现在较为新型的KTV。“量贩”一词源于日语，即“大量批发的超市”，由此引出的量贩式经营实际体现的就是透明、自助和平价的消费方式。这种方式在日本及我国台湾等地的娱乐业一直十分风行。目前入主中国内地的KTV主要是台湾地区“钱柜”（Cashbox）和“好乐迪”（Holiday）。它们一反以往传统高档KTV只锁定高消费阶层的模式，直接面向广大的工薪消费阶层。针对目前KTV的主要花费在酒水和小食上，量贩式KTV对待前来一展歌喉的消费者，仅仅只按小时收取“包间费”，价格根据每日时段、节假日的不同，从几十元到几百元不等。至于酒水和小食，“好乐迪”采用的方法是消费者在店内设的超市里买到只比市场价格上浮10%左右的饮料食品；而“钱柜”则通过在大多数时段提供免费自助餐的形式令自己更显“物有所值”。自量贩式KTV出现以来，新一轮大众KTV热再度掀起，薄利多销、物超所值的价位，“安全、健康”的经营方式，尤其是其成熟的商业模式，契合了现代人的娱乐观念。

（6）茶室KTV。茶室KTV，即在茶艺室包房内配备KTV设施，供前来品茶的客人唱歌消费，但茶艺师对此类型的消费颇有异议，认为其破坏了茶艺静逸的境界。

（7）洗浴KTV。洗浴KTV，即在洗浴项目（桑拿、浴足、水疗等）的休息包房里设立KTV设施，供前来洗浴休息的客人放松时唱歌娱乐。

（8）异型KTV。此种KTV是经营者根据自己酒店的经营项目和经营目标设计而成的，主要目的是延长客人在经营领域的停留时间，创造销售机会，并通过使用KTV设施赚取额外的利润。

3. KTV服务流程

（1）领位员迎宾

1）迎宾原则

①始终面带微笑。

②使用恰当的礼貌用语打招呼，用“晚上好”“欢迎光顾”等礼貌语言迎接客人。

③接过客人的外衣，为客人服务。

2）接待。有些 KTV 为客人提供预订服务，在这种情况下，服务员应了解客人是否有预订。

①有预订客人的接待。如有预订，应查阅预订单或预订记录，将客人引到其所订的 KTV 包房。如果预订的包房因客观原因不能提供，应首先向客人道歉，并说明情况。取得客人的谅解后，为客人更换包房。

②无预订客人的接待。如果客人没有预订，应根据客人人数的多少、客人喜好、年龄及身份等向客人介绍 KTV 包房类型，向客人建议或推荐 KTV 包房。对于熟悉的常客要询问喜欢哪位 DJ 负责的 KTV 包房。

③引领。当选定 KTV 包房后，就该带领客人进入。此时领位员要持房卡到收银处登记，并通知 DJ 服务人员迅速上岗。

（2）开房

1）引客进入

①当领位员登记后，领班或部长随领位员引领客人到达所需开的 KTV 包房。

②领位员退出包房并通知 DJ。

2）安排客人就座

①KTV 内主要是沙发，应将客人安排在面向 KTV 屏幕的位置。

②请客人中的女士或最年长的女士先就座。

③安排客人就座时，最关键的是安排好座次的位置，即合理安排相邻的客人。

3）协助开机

①领班或部长帮助客人开电视、调节音响或通知音控室服务人员开机。

②服务人员迅速提供免费供应的水果、小吃或茶水（一般含在最低消费里）。

③询问客人是否需要专门服务员，如需要则迅速安排。

（3）呈递酒水单。客人坐稳后，服务人员应迅速把酒水单递给客人。酒水单一般是放在茶几上的，服务员应主动、机灵地将酒水单从客人的左边递给客人。递上酒水单后，应在点菜单上记录客人进入 KTV 包房的时间、年月日、星期，并写清楚 KTV 包房的名称及客人人数，然后及时向客人介绍酒水，并推荐或建议点酒水。

（4）解释酒水单的饮品内容。服务员应对酒水单上客人有可能问及到的问题有所准备。对每一种酒的特点要能予以准确的答复和描述：哪些是季节性的，哪些是特制的，每种饮品要准备的时间及其装饰等。酒水单上的小食品、果盘、饮品客人可能不够了解，服务人员应将涉及的有关内容向客人解释。酒水单是KTV的服务指南，服务员必须准确了解酒水单中每一个词语的含义，才能形象而准确无误地向客人解释。

(5) DJ服务

1）DJ人员接到通知后，迅速到DJ房领话筒、遥控器，登记后进人KTV包房。

2）向客人介绍歌单内容，推荐最新流行的歌曲。

3）向客人介绍点歌器、遥控器的使用方法。

4）为客人点歌，活跃KTV包房气氛。

5）如客人需要，则提供伴歌服务。

(6) 桌面服务。一般桌面服务由KTV包房服务员来完成，当包房不设服务员时，由DJ来完成服务。DJ除为客人点歌外，还要能为KTV包房客人的桌面进行服务。

1）为客人提供酒水时，应向客人明确说明哪些是赠送或哪部分是配送的。

2）在KTV的服务过程中为客人斟倒酒水时，一定要明确客人的意思。如是要求“续水”，就不是点新酒水。

3）清理桌面，将客人用完的盘、碟、杯等随时撤走。

4）给客人点烟，更换烟灰缸。一般情况下，烟灰缸内有两个烟头就应给予更换。

5）协助客人做好生日等场合的桌面服务。

6）酒水的斟倒服务。

(7) 结账。当客人需要结账时，DJ将房卡带出送给领班或部长，并汇报需要打折的情况或找有权限打折的主任或经理签字。领班或部长带着开房卡到收银处核账，将客人消费清单用电脑打出，部长将清单送给客人核实、签字。客人将款、账单交给部长后回到收银处结算。收银处吸取账款，如需找零的，则给予找零，打印单据后交部长送给客人。客人最后在账单上签字认可。

(8) 送客出门。服务人员应对即将离店的客人说一声“再见，欢迎您下次光临”，道别客人同问候到KTV消费的客人同等重要。

领班帮助客人取来衣物，可以有机会知道客人对服务是否满意以及是否发生了误会。假如有令客人不满之处，应向客人解释并表示竭诚改善，这样能自然地建立与客人之间的感情。领班或部长、DJ送客至门口，领位员看见客人出来时应主动迎上去问好，并领客人出门或帮客人按电梯下楼。

第三节 棋牌室服务与管理

培训目标

- 熟悉各种棋牌用具的基本知识
- 掌握棋牌室的服务流程

一、棋牌相关知识

棋牌是中国人很喜爱的一类娱乐项目，是客人借助一定的场地设施和设备条件，在一定规则的约束下运用智力和技巧进行比赛或游戏，获得精神享受的娱乐项目。游戏不一定付出很大的体力，但需要一定的智力和技巧。多数酒店康乐部都设有这类项目。棋牌室的设备简单，投资不大，主要是为客人提供专用的桌椅和质地优良的棋牌用具。近年来，出现了一些电子棋牌设备，如自动麻将机、计算机国际象棋等。

1. 麻将

麻将是中国传统的游戏项目，在中国、日本等国非常流行。在游戏中洗牌、码牌需占用一定的游戏时间，自动麻将机的出现解决了这一问题。在精制的四方形麻将机下面装有电动洗牌机，内有两副麻将牌。按电钮后，机器把牌洗匀，自动摆好牌，然后从四边抬上桌面，就像人工摆放的一样。

2. 国际象棋

国际象棋是将科学、文化、艺术、竞技融为一体的智力体育项目，它有助于人们开发智力，培养逻辑思维和想象能力，加强分析能力和提高记忆力，提高思维的敏捷性和严密性。

国际象棋棋盘呈正方形，由横纵各8格、颜色一深一浅交错排列的64个小方格组成。深色格称黑格，浅色格称白格，棋子就放在这些格子中移动。棋子共32个，分为黑白两组，各16个，由对弈双方各执一组，兵种是一样的，分为6种：王（1）、后（1）、车（2）、象（2）、马（2）、兵（8）。在正式比赛中，国际象棋棋子采用立体棋子，非正式比赛中可以采用平面图案的棋子。

3. 中国象棋

象棋是中国传统棋种之一，源于中国，现已传遍世界。中国象棋是在正方形的棋盘上以红黑两种棋子代表两军对垒的智力游戏，双方各有16个棋子。对局时，由执红棋的一方先走，双方轮流各走一着，以把对方将死或对方认输为止。下象棋能锻炼人的思维能力，培养人们顽强的斗志，有益身心健康。

4. 围棋

围棋是中国传统棋种之一。为两人对局，用棋盘和黑白两种棋子进行。围棋有对子局和让子局之分，前者执黑子者先行，后者上手执白子者先行。开局后，双方在棋盘的交叉点轮流下子，一步棋只准下一子，下定后不准再移动位置。围棋运用做眼、点眼、韧、围、断等多种战术吃子和占有空位，以求取胜。围棋通常分布局、中盘、收官3个阶段，每一阶段各有重点走法。终局时将实有空位和子数相加计算，多者为胜。也有只计实有空位分胜负的。围棋对弈，千变万化，紧张激烈，既能锻炼人们的思维能力，又能陶冶性情，培养人们顽强、坚毅、冷静、沉着的性格。

5. 桥牌

桥牌是扑克牌的一种打法。桥牌作为一种高雅、文明、竞技性很强的智力性游戏，以它特有的魅力而称雄于各类牌戏，风靡全球。目前桥牌已经成为2002年冬季奥运会表演项目和2007年全国大学生运动会正式比赛项目。桥牌的玩法如下：

（1）搭档和方位。两个人打桥牌，两人为一组对另一组，分别坐在东、南、西、北的位置上。坐南、北的两人为一方，称南北方；坐东、西的两人为一方，称东西方。

（2）牌和发牌。普通的去掉大、小王的52张扑克牌，共分梅花、方块、红心、黑桃4个花色。4种花色有高低之分，按照英文开头字母的顺序排列而成，即梅花（club）为C，方块（diamond）为D，红心（hearts）为H，黑桃（spade）为S。每种花色有13张牌，顺序如下：A（最大）、K、Q、J、10、9、8、7、6、5、4、3、2（最小）。还有一种“花色”叫无将，就是没有将牌（主牌）的意思。发牌、叫牌、打牌都是按照顺时针方向进行。52张牌平均分配，每人13张。

（3）叫牌。发牌之后、出牌之前要进行叫牌。叫牌要用特定的符号和用语来进行。按规定由发牌者首先叫牌，根据牌点的高低，发牌者可叫也可不叫（pass），此后，再由他的下家（左手方）叫牌，依次顺时针轮流进行。如果4家全都不叫，这副牌就宣告作废，由下家重新发牌。当一家开叫后，任何一家可以根据花色类别的次序在更高水平上争叫，只要在前一家同类墩数上叫更高一个数或在更高一类（花色或无将）上叫同一墩数均可。类别的排列如下，无将（最高）、黑桃、红心、方块、梅花（最低）。直到3家不叫表示承认为止。叫得最高的那个花色就是将牌花色（或无将），而该级别的数字就是定约的水平，两者合称定约。叫牌的目的是使同伴之间互通牌情，以便找到最佳定约，或者干扰对方选择出最有利的定约，以此达到战胜对方的目的。

（4）局况。为了给游戏的双方创造较为复杂的形势，从而让牌手能够更好地发挥出自己的水平，桥牌活动特意设置了“局况”。有局的一方胜则多得分，败则多输分，而无局的一方则又可以利用败了输分少这一条件与对方竞争。有局方和无局方有不同奖分和罚分（计分表）。桥牌的有局和无局是人为规定的，不可变更。每副牌都有固定的牌号、发牌人、局况。通常，人们用“—”代表双方无局，NS 代表南北有局，EW 代表东西有局，B 代表双方有局。

（5）定约。所谓定约，是指经过叫牌最后由一方确定经另一方同意的一个叫牌级数协定。确定定约的一方称定约方，其宗旨是要完成定约；同意的一方称防守方，其目标是击垮敌方的定约。

定约分有将定约和无将定约两种。有将定约是确定某一花色为将牌。将牌除可以在本花色中赢墩外，还可以将吃其他 3 门花色（在没有这个花色的情况下）。无将定约就是没有将牌的定约，其输赢只根据同一花色中的每一张牌的大小来比较（假如没有这个花色，只好出其他花色，这称为垫牌，不论大小，都不能赢墩）。定约又分成局定约和不成局定约，定约分数满 100 分的，叫做成局定约，定约分数不足 100 分的，叫做不成局定约。两者的奖分和罚分都不一样（记分表）。

（6）加倍和再加倍。加倍是叫牌过程中经常出现的一个名词，它的原意为防守方的一方认为定约方的定约肯定会被己方击败，他就叫“加倍”以示惩罚。现在加倍的含义已经被引申为各种意义，不再单独作为惩罚而用。如定约方对防守方所叫的“加倍”不以为然，相信己方仍有把握完成定约时，可叫“再加倍”来惩罚加倍方。再加倍定约，定约方的得火分均按 4 倍（基本分乘以 4）计算。加倍的符号用“×”表示，再加倍的符号用“××”表示。加倍只可以对对方的叫牌进行，而再加倍只可以对对方的加倍进行。加倍和再加倍与定约人的定约得失分密切相关，尤其是本来不够成局（基本分不足 100 分）的定约，加倍或再加倍后而达到成局时，得分相差会超过 500 分，失分相差一倍。因此，使用加倍及再加倍都要特别慎重。

（7）打牌。一个定约（无将或有将）在叫牌时被确定之后，防守方位于庄家左手的一家称为首攻人，也就是由该方打出第一张牌。首攻人的下家在首攻实现后将自己的牌全部摊开，按同花色摆成 4 列，此家称为明手。明手的对家是庄家（又称定约人、暗手），他负责打明、暗两手的牌。明手出牌后，就轮到首攻人的同伴出牌，最后轮到定约人出牌。至此，桌上共有 4 张出过的牌，每家一张，称为一墩牌。每家必须随出牌者出同花色的牌，如手中已无这种花色，则可用将牌将吃或垫掉一张闲牌。在一墩牌里，如果有将牌，则最大的将牌是赢牌。第二轮的出牌由赢得第一墩的那家先出，其他仍依顺时针方向出牌，直至 13 张牌全部出完。13 墩牌打完后，定约人数清实际所得的墩数，看定约是正好完成，还是超墩或宕掉，然后计算这副牌的得分（初学者可以先不学算分，通过查表获得）。

二、棋牌室的设计与布局

棋牌游戏和其他康乐活动不同，游戏参与者对空间的要求不是很高。“松下对弈”一直是名人雅士追求的境界，而凡夫俗子在街头摆摊设局也另有一番情趣。酒店棋牌室要追求的境界是和酒店的整体经营方针相适应的。一般来讲，在进行棋牌室装修布置时，要遵循下列几个原则：

1. 整体环境宁静

棋牌活动均以脑力劳动为主，属于智力对抗性游戏。参与者在游戏时要全神贯注，保持注意力的集中，通过综合逻辑分析、全盘考虑才能在游戏中获胜。因此，棋牌室在设计时若客观条件允许，最好设计成单独的房间，防止客人之间相互干扰。另外，也要在装潢时注意隔音效果，虽然棋牌游戏是一种安静的智力游戏，但游戏者往往会制造出各种声音，特别是麻将牌的洗牌声。现今报纸上关于“棋牌室扰民”一事多有报道，严重时，甚至被诉诸法律。酒店作为客人休息的场所，需要维护酒店的安静环境，棋牌室的设计应该从总体上考虑这一问题。

2. 棋牌室要具有空间感

酒店的可用经营面积对于酒店管理者来讲是生财的重要条件，在进行总体规划时，管理者往往容易在有限的空间内设置尽可能多的经营项目，造成酒店经营场所的狭窄，使客人在消费时感觉到视觉上、心理上的压力，而影响客人的消费情绪，其主要原因在于空间大小不易把握：其一，棋牌活动本身不需过多的空间，只需要一张桌子、4 把椅子和相应的棋牌用具；其二，为了防止不同客人群体之间的干扰，需要设置棋牌单间；其三，棋牌室的收费比同等经营面积的其他消费项目要低。在这 3 个原因的作用下，一些棋牌室的室内设计和装潢经常缺乏空间感，使客人感到不便，减少了客人的再次光顾。在设计棋牌室时，可以运用设计上的手法使有限的空间具有空间感。豪华型棋牌室的面积较大，在整个布局上可将其划分为休息区、棋牌区、衣帽架、服务区等几个区域，有些还可备有简单的卡拉 OK 设备。

3. 棋牌室色调和谐

作为智力活动的场所，棋牌室装修的色彩要具有安定客人情绪，使客人能够冷静思考的功用，因此，整体色调要和谐统一，绝对不能够出现抽象感十足的撞色组合。强烈的色彩对比只会使棋牌游戏者心烦意乱，不能平心静气地思考，从而影响客人技能技巧的发挥，同样，过于沉闷的色彩也不适合棋牌室。

4. 棋牌室家具的配备

棋牌活动是围绕着一张棋牌桌而开展起来的，客人在整个游戏过程中始终保持坐姿，时间长了，会觉得疲劳不堪。因此，布置棋牌室，家具的选择是重头戏。家具要选择质地好的，在设计上充分考虑人体构造。例如椅子，一般为软椅，椅垫的高度为45厘米，椅背成弧线向人体弯曲，正好符合人体曲线，可以有效减轻客人在游戏时身体上的不适。

5. 棋牌室在设计布局中需要注意的其他方面

（1）棋牌室的照明。棋牌室的整体照明要温馨、明亮、不耀眼。为了保证良好的照明条件，一般在棋牌桌上方采用圆形灯罩的挂灯来聚光，以方便客人活动。

（2）棋牌室的空气条件。酒店为了正常开展各项业务活动，保证客人有一个舒适的消费环境，一般棋牌室都配备中央空调。棋牌室的服务人员在营业之前，将空调打开，使棋牌室的温度达到最佳温度，一般为18～23℃，湿度为40%～60%，空气中的氧气含量达到18%左右。

三、棋牌室服务流程

1. 预订服务

（1）服务员接到客人的预订电话后，要主动为客人介绍棋牌室的情况和收费标准。

（2）记录预订人的姓名、电话、使用时间和房号（住店客人）。

（3）向客人重复一遍以确认，说明保留预约的时间，并进行登记。

2. 营业前的准备工作

（1）整理好棋牌室，做好公共区域的卫生工作。

（2）认真细致地检查棋牌室的设备、用品，保证其能正常使用。

（3）准备好纸笔供客人记分使用。

3. 营业中的接待工作

（1）服务人员应主动向客人问好，客人如有预订，则为其按预订内容安排；如未预订，询问客人的需求，进行安排。收取押金，计时开单。

（2）为客人打开房间，迅速准备好游戏用具。

（3）为客人提供酒水饮料，并定时清理房间、倒烟缸、续水。

（4）定时巡查房间，询问客人是否需要服务。如发现设备故障，立即维修或报修。

（5）客人娱乐结束后，服务人员立即清点棋牌，将棋牌放入盒内。准确开具账单，钱款当面点清，并向客人致谢，欢迎客人再次光临。

（6）客人离开后服务人员及时清理房间。

4. 营业结束后的整理工作

（1）服务人员整理好所有棋牌娱乐用具，放入吧台并认真填写交接班记录，做好棋牌室的卫生清理工作。

（2）核对当日营业单据，填写报表。

（3）切断所有电器的电源，关好门窗。

第四节　游戏机房服务与管理

培训目标

- 了解游戏机的分类及使用方法
- 掌握游戏机房的服务流程

一、游戏机概述

游戏机是酒店娱乐类服务项目，它最早出现在西方国家，早期使用的是结构比较简单的手动游戏设备，如投球、套圈之类。后来又出现了由游戏者操纵电器开关控制电动机运动的游艺机，这个时期的游戏机叫电动游戏机。再后来，由于电子科技高速发展，特别是电子计算机的普及和电子计算机技术的提高，促进了电子游戏机的产生和发展。设计人员初期研制出能在电子计算机上玩的游戏软件供个人娱乐，不久又研制出专用的游戏软件和只能使用这类软件的电子计算机硬件，这就是目前正在流行的电子游戏机。

随着科学技术的不断发展，电子游戏机的发展也日新月异，不断有新的机种问世，并且游戏机的科技含量越来越高。近几年又出现了最新一代的电子游戏机——虚拟现实电子游戏机。

虚拟现实（virtual reality）是目前电脑应用中的一种最新技术，它集中了电脑仿真、通信、人工智能、多媒体等多项尖端技术。应用这些技术研制开发出来的虚拟现实系统已在科学、医疗、教育、训练、军事、娱乐等数十个应用领域大显身手。虚拟现实游戏机就是通过电脑虚拟出一个在现实世界并不存在的“世界”，使人能够感受到在虚拟的世界里遨游的游戏机。使用者可以借助相关装置从感观上进入虚拟世界，通过浏览并与其产生某种程度的交互作用，就好像这虚拟世界确实存在一样。它给人以惊人逼真的效果，能够通过视觉、听觉、触觉强烈地刺激人体神经系统，使人感到已置身于一个奇妙的世界里。

电子游戏机的趣味性、娱乐性极强，对各年龄段的客人都具有吸引力，有的人甚至达到废寝忘食、乐不思蜀的地步。

二、游戏机的分类

1. 按发展阶段和结构特点分类

按发展阶段和结构特点分可分为3类，即手动游戏机、电动游戏机和电子游戏机。最简单的套圈游戏机，如“攀出彩虹”（一种往玻璃板上投游戏币的游戏机）就属于手动游戏机；有一种用投球控制开关模拟赛马的游戏机叫“快乐山谷”，属于电动游戏机；而由计算机控制押注的一种模拟赛马机，则属于电子游戏机。

2. 按功能特点分类

按功能特点分可分为 3 类，即框体式、体感式和其他式。凡有荧光屏显示、操作者靠按钮开关或其他电器开关操纵的无身体感受的游戏机都属于框体式游戏机；体感式游戏机是指近些年研制开发的具有身体感受功能的游戏机，例如模拟开汽车、模拟空战、模拟滑雪、模拟枪战等游戏机，根据屏幕上的场景可使操纵者有震动、倾斜、声响等身体感受，故名体感式游戏机；除上述两类之外的就笼统归为其他类。

3. 按游戏机的性质分类

按游戏机的性质分可分为两大类，即博彩性游戏机和非博彩性游戏机。例如赛马机、老虎机、掷色子机、扑克牌机等一般都归为博彩性游戏机，除此之外都称为非博彩性游戏机。目前各地对上述两类游戏机的区分还不完全一致，对赌博的界定也未统一，因此，对二者的区分有待进一步规范，这里不作深入探讨。

三、酒店常见游戏项目

1. 电脑游戏

电脑游戏区域与客房等相对安静的区域分开，如有条件，不走大堂进出，另设进出口，注意安全通道畅通。电脑游戏替代了以往的普通电子游戏和电子模拟机。电脑游戏在计算机上用各类游戏软件进行娱乐，有些软件还集商业、金融、益智类内容于一体，老少皆宜。

2. 射击游戏

作为游戏配套项目可以设置射击游戏，一般应设两台以上的游戏机。射击游戏是计算机技术与机电一体化相结合的产物，空间、投资有限，管理方便。

3. 互联网

互联网是人们物质、文化生活的一个重要组成部分，上网娱乐和获取知识、信息已成为很多现代人日常生活的重要组成部分。为迎合客人的需求可设置网吧，还可增加饮料、咖啡、点心等消费，为酒店增加收入。

四、游戏机的使用

1. 框体式游戏机的使用

这类游戏机是目前市场上最常见且数量最多的机器。这类机器的外观和结构基本相同，其主体是屏幕显示器，其控制部分是两个摇把和两组按钮。摇把能够做前、后、左、右等 8 个方向的水平摇动，按钮每组 2～6 个不等。这类机器更换游戏卡比较容易，游戏的种类也非常多，有格斗系列、神话系列、空战系列、运动系列等。使用这类游戏机时，使用者一只手操纵摇把以控制屏幕中出现的人物的运动方向，另一只手操纵按钮以控制人物的动作，通过运用智力和左右手的配合达到阶段目标。每个阶段目标即是一关，每种游戏都从易到难设置很多关，游戏者每通过一关都能感受到一次成功的喜悦，以此激发游戏者继续玩游戏机的兴趣。

2. 体感式模拟游戏机的使用

这类游戏机是比前一类游戏机较晚开发出来的机种，其最大特点是游戏机有较强的身体感受。一般情况下，这类机器无法更换其他游戏卡，每种机器的玩法各不相同，操纵起来也较复杂。这类机器的名称和型号很多，例如东京坦克战、法拉利赛车、城市猎人、足球射门、吉他机、DJ 机等，其操纵部分各不相同，都是模仿实物而制造的，如坦克战就是模仿驾驶坦克，吉他机就是模仿弹奏仿真吉他。因此，这类游戏更接近现实生活，操纵起来需要一定的智商和较快的反应能力。在游戏难度的设置上，也是从易到难设置若干关。

3. 幸运式游戏机的使用

这类游戏机的最大特点是对取得胜利的游戏者给予一定的物质鼓励。玩这类游戏机有点像现今商店里常见到的幸运抽奖。这类游戏机的种类也不少，例如抓布娃娃机、抓糖果机、幸运铅笔机等。这类机器的玩法比前两种简单，一般只需按动一两个按钮即可，游戏者获胜的随机性很大，但获胜的概率是可以通过调整电脑板的参数来改变的。

五、游戏机房的服务

1. 营业前的准备工作

（1）服务人员应清扫游戏机房及公共区域，认真细致地检查设备和用具，保证其处于良好状态，能正常使用。

（2）核对并补充纪念品，准备游戏币。

（3）接通所有游戏机的电源，并打开游戏机的开关。

2. 营业中的接待工作

（1）客人进入游戏厅时，服务人员要主动问候，引导客人到服务台兑换游戏币。

（2）在接待不熟悉游戏机的客人时，要耐心地说明游戏方法，并进行必要的示范。

（3）根据客人需要，提供饮料、小食品，账款当面点收。

（4）客人获奖时，服务人员要及时检验、开单，并向客人祝贺，按规定发放奖品，填写电子游戏厅纪念品发放纪录。大奖要由领班或主管签字。

（5）服务人员要注意及时检查机器的运行状况，发现故障迅速排除。

（6）客人娱乐活动结束后，如有未用完的游戏币，服务人员应引导客人到服务台将其兑换为现金。主动与客人道别，欢迎客人再次光临。

3. 营业结束后的整理工作

（1）服务员关闭所有游戏机设备的电源。

（2）清扫场地卫生，擦拭游戏设备，对接触较多的游戏机手柄要进行必要的消毒。

（3）清点游戏币、纪念品，统计收入，填写报表，钱款上交财务部门。

（4）再次检查设备电源是否关闭。关闭照明电源，关窗锁门。

第 4 单元 酒店保健休闲项目管理

保健休闲项目是指通过提供相应的设施、设备或服务作用于人体，使顾客达到放松肌肉、促进循环、消除疲劳、恢复体力、养护皮肤、改善容颜等目的的活动项目。保健项目的特点是活动的被动参与性较强，其主要功能是使参与者达到放松肌肉、焕发精神的目的。这一类项目的服务人员除要懂得一些基本的服务知识外，还要掌握一些简单的保健知识，这样才能更好地为客人服务。

目前常见的保健休闲项目有桑拿浴、按摩、美容、美发等。

第一节 桑拿浴服务

培训目标

→ 掌握桑拿浴服务的基本内容和服务步骤

→ 熟练操作桑拿房的设备设施

一、桑拿浴概述

桑拿浴场是各大酒店中常设的一类康乐场所，深受客人的喜爱，目前常见的形式如下：

1. 桑拿浴

桑拿浴起源于芬兰，故也称芬兰浴。在沐浴过程中将室内温度升高至45℃以上，使沐浴者犹如置身于沙漠，被暴烈的太阳干晒，体内水分大量蒸发，达到充分排汗的目的。客人洗浴时，先用温水淋浴，将身体擦洗干净，女性要卸妆。客人要进入温水池浸泡片刻，使毛孔、血管扩张，然后进入桑拿浴室蒸10～15分钟，感到全身排汗或太热时出来，进入冷水池中浸泡或用冷水淋浴，然后再次进入桑拿浴房，如此反复3次左右，最后将全身洗净，或在温水池浸泡一会儿后进入休息室休息。整个过程很消耗体力，排汗的同时也会排出油分，有很好的减肥效果。差别强烈的冷热刺激促进了全身皮肤深呼吸，使体内的无用物质和有害物质随着皮肤的呼吸排出体外，促进了血液循环，加速了新陈代谢，从而起到清除体内垃圾、保健身心和美容、美肤的作用。

桑拿浴室的设备主要是木制房。房间内有木条制的休息用枕头，墙下有防水的照明灯、温度计和定时器。地板也是由木条制成，可以排水。浴室有观察窗，便于服务员观察室内客人的状况以防不测。豪华的浴房有专用的音响系统，提供背景音乐，甚至还可以模拟大自然的阴、晴、风、雨而创造出不同的环境，客人仿佛置身于大自然中。桑拿炉是通过电热载石盒加热装在炉中的桑拿石，使室温迅速升高而使客人蒸浴。先进的桑拿炉配备了全自动电子衡温控制器，能根据客人的需要随时调节和保持室温。桑拿房中有桑拿木桶和木勺等配件，在洗浴的过程中客人不断地用木勺舀水泼到桑拿石上，水碰到火红滚烫的石头后立刻变成水蒸气弥漫在空气中，以此调节室内湿度的大小。

2. 蒸汽浴

蒸汽浴起源于土耳其，故也称土耳其浴。它是在温度很高的室内通过不断在散热器上淋水或是根据需要控制专用的蒸汽发生器的开关，使浴室内充满浓重的湿热蒸汽，沐浴者仿佛置身于热带雨林之中，又闷又热，大汗淋漓，从而达到充分排泄体内垃圾目的。蒸汽浴室通常采用塑料或特种玻璃钢制造，一间简单的房间里沿四壁排满了椅子，地面由防滑材料铺制。室外的电动蒸汽炉制造的蒸汽通过管道输入浴室，蒸汽炉配有蒸汽压力的安全保险装置、全身动衡温控制器。蒸汽浴室有防蒸汽的墙灯，棚顶还配有自动香精喷雾器和自动清洗器。

3. 再生浴

由于桑拿浴、蒸汽浴都是高温洗浴方式，客人难以长期坚持，不能达到理想的健身效果，后来出现了浴室温度和湿度介于桑拿浴、蒸汽浴之间的再生浴，再生浴室有防蒸汽的墙灯，棚顶还配有自动香精喷雾器和自动清洗器。

4. 冲浪浴

冲浪浴是在特殊设计的水力按摩浴缸、按摩池中进行洗浴的方式。按摩浴缸根据人的体形特征设计，针对人体的背部、尾骨、神经中枢及其他各穴位装置特殊喷嘴，汇集空气及水流，产生大量回旋式气泡和漩涡式动力冲击人体的各个穴位，刺激皮肤毛孔进行水力按摩。它可使人的心脏得到适当的运动，既加强其承受压力的能力，又可促进人体血液循环，加速新陈代谢，并可治疗因剧烈运动所引起的肌肉疼痛或关节疼痛。

5. 蒸汽喷淋花洒房

蒸汽喷淋花洒房集淋浴、蒸汽浴、水力按摩及瀑布式淋浴于一身，它用特种玻璃钢制成，两米多高，全封闭，内有计算机控制的按摩喷嘴对准人体的各个穴位喷淋，为客人做全身按摩，从而达到消除疲劳和恢复体力的功效。瀑布式淋浴和花洒淋浴可以对人体的颈部和肩部进行中淋和按摩。浴室外可安装小的蒸汽炉，并配有自动恒温控制器，使浴室成为蒸汽房。这种花洒房体积小、功能多，较适于家庭或宾馆的豪华套房使用。娱乐场所中主要配在桑拿浴的VIP包房内，为贵宾享用。

6. 光波浴

光波浴是利用红外线的特点达到排汗、排毒的目的。红外线是热能最高的光线，对身体无害，可以作用于人体的组织细胞，使其产生生理热效应，在40～60℃的洁净环境内使人大量出汗，扩张皮肤毛孔，排放出杂质，加快身体的新陈代谢，健肤、美容又能增进生命活力，提高免疫功能，对多种病症具有治疗作用。

二、桑拿浴服务程序

1. 营业前的准备工作

（1）前台服务员整理手牌和更衣柜钥匙，补充客用毛巾，将已经消毒的拖鞋摆放整齐。

（2）浴室服务员做好桑拿浴房、淋浴间、休息区、更衣室、卫生间等清洁消毒工作，打开桑拿设备，调整好温度和沙漏控时器，并将木桶内的水盛满，及时补充浴液、浴服、洗浴用品。

（3）休息厅服务员做好休息厅及包间的清洁、整理工作，补充酒水和小食品。

2. 营业中的接待工作

（1）前台服务员要服装穿着整齐，姿态端正，礼貌接待每一位客人。

（2）主动询问客人的要求，向客人说明洗浴的费用标准。

（3）为客人递送毛巾、手牌、更衣柜钥匙，并请客人更换拖鞋。提醒客人如有贵重物品，应存放在前台。对不熟悉环境的客人给予必要的介绍，引导客人进入浴室。

（4）浴室内的服务员主动与客人打招呼。为客人打开更衣柜，协助客人挂好衣物，提醒客人锁好更衣柜，引导客人入浴。

（5）客人在桑拿过程中，服务员应随时观察，根据客人的需求调节桑拿房内的温度。客人在洗浴中如需搓澡等其他服务，需记录服务项目及手牌号，并请客人签字，将记录单及时传到前台。

（6）客人浴毕要帮其擦净身体，送上浴服，请客人进入休息大厅或包间休息。

（7）休息厅服务员引导客人就座，并为客人盖上毛巾，递上棉签、纸巾，帮助客人调好电视节目。询问客人是否需要酒水或小食品。主动介绍其他配套服务，为其安排技师，记录好手牌号，并请客人签字，将记录单及时传到前台。

（8）客人准备离开时，浴室服务员帮助客人打开更衣柜，协助客人换好服装后，提醒客人带好随身物品，引领客人到前台结账。

（9）前台服务员根据手牌取出客人的鞋，交给客人，并迅速、准确地计算客人的消费金额，请客人核对、结账。

（10）向客人道别致谢，欢迎下次光临。

（11）客人离开后，浴室服务员应该迅速地更换浴巾、清洁茶几、清洗烟灰缸，做好环境卫生及用品清理工作。

3. 营业结束后的整理工作

（1）浴室服务员关闭所有设备的电源，全面清洁、整理浴室、更衣柜，对桑拿房进行消毒，清点客用品，填写报表及交接班记录。

（2）休息厅服务员关闭电视、音响等设备及电源，整理休息椅，清扫地面，清点客用品、小食品、饮料，填写报表及交接班记录。

（3）前台服务员整理手牌、更衣柜钥匙、拖鞋，清扫前厅地面，整理沙发、茶几，核对营业单据，填写报表，连同现金收入一起上交财务部门。

（4）服务员最后要切断所有电源、水源，关好门窗。

三、桑拿浴服务注意事项

（1）对桑拿房的设备要坚持安全操作、合理使用和保养。

（2）营业中必须经常检测桑拿房内的温度以及温、热按摩池的水温，发现问题及时采取措施。

（3）客人进入桑拿房后，应每隔 10 分钟从窗口观察一次，看客人是否有不适应的情况。

（4）有效劝阻皮肤病客人进入浴室，劝阻高血压、心脏病患者进入桑拿房。

（5）要提醒客人随时带好手牌和更衣柜钥匙，手牌号是客人消费记账的依据，发现丢失，及时告知服务员及前台工作人员。

第二节　保健按摩服务

培训目标

➔ 了解保健按摩的种类

➔ 了解按摩技法，掌握保健按摩服务程序

一般情况下，酒店康乐部的按摩室都是与桑拿浴室合在一起的，因此，它们都属于被动式的保健项目，顾客也往往愿意两个项目一起消费，但两者还是有区别的。按摩服务是由按摩师运用推、拿、揉、按等手法对客人身体的不同部位或经络进行按摩，从而达到促进血液循环、经络通畅、消除疲劳、增进健康的目的。

一、保健按摩概述

1. 中医保健按摩

中医保健按摩是操作者运用两手在人体的经络穴位上施行各种温、通、补、泻、汗、散和清的手法刺激渗透，达到调整心、肝、脾、肺、肾、胆、胃、大肠、小肠、膀胱等的作用，从而达到防病治病，健康保健的目的。

2. 泰式保健按摩

利用手指、手臂、膝部和双腿等按摩穴位，又在肌肉和关节上按压和伸展，令身体、精神和心灵回复平衡，促进血液循环、呼吸系统、神经系统、消化系统正常运作和肌肉皮肤新陈代谢。若定期进行，会令人精神和肉体保持最佳状态。

3. 日式保健按摩

日式保健按摩的基本特点是指压，它是以肢体或手指作为支撑架，利用自身的体重，向肢体的中心部位垂直施力，从而达到以下几种效果：

（1）促进人体皮肤的新陈代谢，增加皮肤的弹性，避免色素沉着，减少皮肤的皱纹。

（2）加速人体淋巴液的循环，提高人体免疫力，降低发病率。

（3）促进肌肉的收缩和伸展，缓解疼痛，消除人体的疲劳。

（4）改善人体的血液循环，降低血液的黏稠度，预防和减缓血管的硬化。

4. 港式保健按摩

通过刺激人体外部器官，经穴位、经络和神经系统的传导，直接或间接地刺激肌肉、骨骼、关节、韧带、神经、血管产生局部或全身性的反应。这种变化使人体内部的各种生理功能逐渐趋于正常，人体的抵抗力增加，从而达到“有病治病，无病健身”的目的。港式按摩主要采用指压法、踩背法和推油法。

5. 韩式保健按摩

韩式保健按摩又称韩式松骨，它汲取了中式、泰式、日式、港式按摩的精华，以拿为主，提、拉为辅。对人体施以沉缓的力度，温柔的语言动作及独特的跪背、脸部护理、扣耳、修甲全套两小时的服务使客人全身心放松。

6. 香熏保健按摩

将高香度的植物花瓣、枝叶，经过提炼，通过人体毛孔的吸收，渗透至皮下脂肪，甚至可直达血液，通过血液循环来发挥其治疗作用。香熏保健按摩主要有按摩法、吸入法、沐浴法、热敷法、蒸熏法、口服法等。

二、保健按摩服务程序

1. 营业前的准备工作

（1）服务人员应做好服务台、按摩室、休息区、卫生间的清洁卫生。

（2）认真、细致地检查按摩室设施、设备，保证按摩设施的卫生，保持各种设备完好。

（3）准备好各种客用物品，精神饱满地迎接客人。

2. 营业中的接待工作

（1）服务员应主动问候客人，为其安排房间。介绍按摩的种类和特点，耐心、细致地帮助客人选择按摩项目。

（2）准确记录客人的洗浴手牌号、使用时间，并安排按摩技师。

（3）按摩技师在接到服务的指令后，应马上携带所需用品到达指定的房间，为客人提供服务。

（4）按摩技师应做到按摩部位、穴位准确，力度掌握适当。

（5）细致观察客人反应和面部表情，按客人的要求调整按摩力度。

（6）按摩完毕，及时为客人递上热毛巾，询问客人是否需要饮水，请客人休息。

(7) 请客人在工作单上签字，向客人致谢，然后将工作单及时送到前台。

(8) 客人离开时，服务员要礼貌道别，并欢迎客人下次光临。迅速做好整理清洁工作，对客用物品进行消毒。

3. 营业结束后的整理工作

(1) 做好休息大厅、包间、吧台、卫生间的清洁工作。

(2) 清点客用物品，填写营业报表及交班记录。

(3) 锁好备用柜，关闭所有电器设备，关窗锁门。

三、保健按摩服务注意事项

(1) 按摩技师按摩时双手不宜过凉，手指甲不宜过长，注意力要集中，不能敷衍了事。

(2) 在施上述手法或取穴时，均宜采取先轻、后重、再轻 3 个步骤，用力要恰到好处，特别是在腰部更要注意力度。实施按法、拨法时，用力一定要稳，防止筋膜损伤及腰椎横突骨折发生。

(3) 对于年龄过大的客人，不得采用过重的手法，特别是按法、拔法。

(4) 在颈部、背部、腰部、臀部等部位，如果有明显压痛者，痛点处严禁施重手法，最好避开痛点，以免加重局部软组织的损伤。

(5) 在颈部严禁施旋、扳等手法进行按摩。

(6) 在按摩过程中遇到客人突然出现头晕、恶心、面色苍白、出虚汗、脉搏加快等症状，应立即停止按摩，不要慌乱，应先让客人平卧于床上，屈膝屈髋，再掐人中穴、十宜穴，按揉印堂穴、内关穴、足三里穴，点大椎等即可解除这些症状。

(7) 如果客人要求更换技师，应该有礼貌地请客人等候，不能表现出不满情绪。

(8) 在按摩时与客人聊天，可使客人放松，但服务人员之间不得聊天，以免引起客人反感。

(9) 认真钻研按摩技术，能为客人提供娴熟的按摩服务，为客人解除疲劳和病痛。

(10) 不断提高服务水平，按摩时按摩布、垫头巾要一客一换，并及时消毒。

(11) 如住店客人要求技师到客房服务，技师要先到楼层服务员处登记，由楼层服务员引导进入房间，按摩时不得关锁房门。

第三节　美容、美发服务

培训目标

→ 了解美容、美发的基本知识

→ 熟悉美容、美发服务的流程、方法和技巧

一般的旅游酒店均设有美容、美发中心，为客人提供美容、美发服务。美容服务包括皮肤护理、修眉、化妆等。美发服务包括洗头、吹风、剪发、焗油、染发和发型设计等。

一、美容、美发概述

1. 美容、美发中心的服务区构成

（1）接待区。接待区设置沙发，提供阅读刊物，主要是为等候的客人提供服务，也可以为客人提供发型、形象设计、皮肤型鉴定等咨询服务。

（2）美发区。美发区的所有设备应该最大限度地方便客人，减少客人的移动，使客人能够看到自己发型的各个侧面。美发区可以配备高质量的音响设备来营造舒适、轻松、浪漫的气氛。

（3）皮肤护理区。皮肤护理区包括包厢与大厅，放置按摩床、蒸面器、电子理疗仪、导入导出器等皮肤护理设备。

（4）医学美容区。医学美容区是一个小型的美容手术室，为客人提供割双眼皮、文眉等美容手术服务。服务必须由接受过专门医学训练的医师提供，医学美容专业要求很高，不具备条件的美容院一般不设这一部分。

2. 美容、美发中心的基本设备

为了确保美容、美发中心的舒适、安全，技师除了要有较高的审美能力和一定的技术水平外，还应熟悉基本设备的性能和使用方法。

（1）理发椅，可调节高度，方便技师进行美发服务。

（2）洗头床，接冷水或热水，为客人洗发。

（3）焗油机，能利用蒸汽达到焗油效果。

（4）美容椅，可自由地调整角度，让客人舒服地躺在上面，也方便美容师做护理工作。

（5）探照灯，是一种检测皮肤的仪器，利用紫外线清楚地探测皮肤的性质及状况，让美容师能依据皮肤和实际情况妥善处理。

（6）蒸汽美肤机，向容器里加水，以高温加热后经由蒸汽孔喷出蒸汽，帮助肌肤的毛细孔张开，排除多余的阻塞物，并使保养品较好地被吸收。

（7）紫外线电疗器，具有杀菌的作用，通过调节电压高低来消毒。

（8）蒸箱，形状似微波炉，主要是用高温杀菌，在 150～200℃的高温下对使用过的用品进行消毒。

（9）营业管理系统，具有处理账单、会员卡管理、预约管理、商品库存管理、系统设置管理等功能，可有效地对营业进行科学管理。

二、美容、美发服务程序

1. 预订工作

（1）接到客人的预订电话后，主动向客人介绍服务项目和价格，并询问客人的具体需求。

（2）详细记录客人的姓名、电话、预订项目和时间，向客人重复一遍以便确认。

2. 营业前的准备工作

（1）服务人员做好卫生工作，擦拭玻璃门、把手、梳妆台、座椅、机器设备和盥洗台面，要求室内不留毛发和碎屑。

（2）查看工作预订记录，将当天客人的预订项目通知技师，以便提前做好准备。

（3）到财务部领取备用金，清点数目。

（4）技师对自己的美容、美发工具进行消毒。

3. 营业中的接待工作

（1）服务人员要热情地向客人介绍服务项目，了解客人需要，适当推销，为已预约的客人按预约内容及时进行安排。

（2）客人确定项目后，填写服务登记卡，安排技师为客人进行美容、美发服务。

（3）技师在操作过程中要不断询问客人的意见，并提出自己的建议，尽可能设计完美，符合客人的要求。

（4）服务结束后，服务员要与技师核对所做项目，及时开具账单、收款。

（5）客人离开时要提醒客人带好随身物品。向客人道谢及道别，并欢迎客人再次光临。

（6）及时清扫场地、整理物品，迎接其他客人。

4. 营业结束后的整理工作

（1）认真地做好美容、美发场所的卫生整理工作，及时补充美容、美发用品。

（2）核对当日营业单据，填写报表，连同现金上交财务部门。

（3）切断所有设备电源，关好门窗。

三、美容、美发服务注意事项

（1）在服务过程中要按照客人的具体要求提供服务。

（2）积极参加新技术培训，紧跟流行趋势。

（3）注意环境清洁，严格按照行业标准对客用物品进行消毒。

（4）对有皮肤病症的客人，建议到医院就诊。

（5）维护好美容、美发设备，发现问题及时报修。

（6）遵守财务制度，现金收入要及时入账，当天的现金当天上缴财务部门，不拖欠过夜。

第 5 单元　酒店康乐促销管理

促销是指在特定时间内，企业以某种实惠、某种利益或某种机会作为短期诱因，诱导和鼓励消费者达成购买行为的促销活动。随着市场竞争的日益激烈，在经营康乐业的过程中开展各种各样的促销活动已成为酒店刺激消费者、巩固老客源、开拓新客源的重要方式。康乐促销是康乐部经营管理的核心内容之一。康乐产品是一种精神消费品，促销对康乐经营来说特别重要，其促销手段要有针对性。成功的促销手段对增加酒店收入、提升企业形象具有重大意义。

第一节　酒店康乐活动促销

培训目标

- 了解康乐整体形象的含义
- 能够组织康乐活动促销

一、康乐整体形象

康乐部营销首先应让公众对酒店的整体经营风格、康乐项目内容、服务特色等有较为全面的了解，从而树立起有特色的整体形象。有效的营销依赖于良好形象的创造与维持。营销活动所试图达到的目的就是要发展出一种希望被公众看得到的酒店康乐形象，而且要与顾客心目中所具有的形象一致。

1. 员工形象

现有顾客和潜在顾客对员工的印象，在很大程度上影响着他们作出是否惠顾的决策。

首先，员工的行为举止在顾客眼中必须足够专业。因此，员工的外表、动作、举止行为和态度都必须符合顾客心目中专业人员应有的标准。

其次，口碑影响力来源在酒店营销中也不能忽略。因此，人员销售对服务业的整体形象影响很大。顾客往往从酒店员工的素质判断酒店康乐服务的优劣。员工的礼仪、效率、关心度和销售技巧，都会影响或提高酒店既有的形象。

最后，员工和顾客之间良好的关系，必须靠市场上真实的个人化关心协助实现，个人接触可以使双方相互满足。要注意的是，若要提供高水平的个人化服务，酒店必须要有相对应的组织和资源，一是因为个人化关注通常必须付出标准化的代价，二是必须对顾客所需的服务标准有充分详细的了解。

2. 酒店门面

康乐部的门面首先应醒目，醒目的门面、招牌设计能吸引客人；其次应体现出豪华、气派，只有这样才能在顾客中树立良好的形象。

3. 内部环境

如果门面留给客人的是外表的印象，那么，内部服务质量和服务规格给人留下的则是内在的印象。康乐部内部的环境、卫生、服务及康乐活动的品位是企业进行营销活动的核心内容，在客人心目中的印象也最深。

二、康乐活动促销

康乐活动促销是促进康乐活动销售的简称。促销是市场营销组合的四大策略之一，是其中最富变化、最具创意、最显活力的部分。康乐活动促销的实质就是酒店与潜在康乐消费者之间的信息沟通过程，其目的就是使潜在消费者更多地认识、了解和消费本酒店的康乐产品。康乐活动促销包括广告促销、人员推销、营业推广和公共关系4个方面的内容。

1. 广告促销

广告是通过公开付费，以非人员的任何形式，对康乐活动的构思、康乐产品和服务进行介绍和推广，以扩大其市场影响、提高知名度、树立广告主良好的独特形象，达到促销目的一种形式。根据媒体的不同，广告可以分为报刊广告、电台电视台广告、户外广告（利用广告牌、灯箱、条幅标语、海报等各种室外展示物）、自办宣传品广告（如招贴、地图、传单、手册、音像资料、文化衫、文化用品、旅游纪念品等）。

（1）广告的目标。酒店实施康乐广告促销策略时，首先要选择好广告目标。在选择广告目标时，要充分考虑相关康乐目标的市场策略、市场定位及其他营销组合因素。康乐广告目标一般分为3种类型：

1）通知型。通知型广告的目标又分为多种，例如，向市场介绍一种新兴康乐产品，向顾客说明它的新用途，解释产品的使用方法，介绍本酒店康乐部提供的各项服务，以树立酒店形象和产品形象等。通知型广告主要适用于康乐产品生命周期中的投入期，主要目标是为了促使初步需求的产生。

2）劝导型。劝导型广告主要用于康乐产品的成长期，这个时期需求的特点是选择性需求，即消费者对某一种康乐项目有需求，但还没有形成偏好。此时，康乐企业的主要目标应是劝导消费者购买自己的康乐产品，突出服务特色，介绍本产品优越于其他产品之处，促使购买者形成品牌偏好。

3）提示型。提示型广告适用于康乐产品成熟期，广告目标是提示旅游消费者购买。如提醒人们别忘了消费产品的地点，提示人们在近期将会需要这种产品，以及保持高的知名度。

（2）广告信息决策

1）广告信息的制作。康乐项目可表达的信息题材是很丰富的，但一则广告一般只能表达一个主题，它所容纳的信息量非常有限，这就需要广告策划者根据同一康乐活动项目不同角度的信息题材，设计、制作几种不同的广告信息以供选择。

2）广告信息的选择。在制作出多种可供选择的康乐广告信息后，广告主应该对其进行评价和筛选。

3）广告信息的表达。合理的、深刻的、艺术的、具有创意性和独特个性的广告信息表达方式，对康乐广告最佳效果的发挥起到至关重要的作用。

（3）广告媒体决策。广告媒体是广告信息的载体，是广告主向广告接受者传播信息的中介。康乐广告可利用的媒体很多，这一点从上面广告类型的分析中可明显看出。康乐广告媒体的选择应注意对照以下3个标准：

1）成本因素。不同广告媒体使用的成本差距是很大的，选择广告媒体要充分考虑成本的高低，同时还要考虑单位成本所摊的广告受众数量，如电视广告与杂志广告，成本同样是6万元，但它们所分摊的受众数量会相差很大。

2）能准确地表现康乐产品的特性。有的康乐产品广告对声、色、形、动感等具有很高的要求，所选媒体应能满足产品要求。

3）与广告目标相匹配。例如，以营业推广、促进短期购买为目标的广告，可多利用当地报纸和户外广告等媒体；如果是以宣传康乐产品的质量、内在价值为目标，或以宣传品牌为目标，就应该多选择杂志、电视、报纸等媒体。

2. 人员推销

人员推销就是康乐企业专职或兼职推销人员直接与康乐活动消费者或潜在消费者接触、洽谈、宣传介绍康乐产品及服务，以促进和扩大康乐产品及服务销售的活动过程。

（1）人员推销的基本形式。人员推销的基本形式有派员推销、营业推销、会议推销和其他形式。派员推销就是指康乐企业派专职推销人员携带康乐产品或服务的说明书、宣传材料及相关资料走访客户进行推销；营业推销是指产品和服务各个环节的从业人员在接待消费者的过程中，利用直接接触的条件，以谈话方式及行为方式向消费者介绍和展示康乐产品与服务，回答消费者询问，完成交易；会议推销是指康乐企业利用各种会议介绍和宣传本企业的康乐产品或服务，开展推销活动。此外，人员推销形式还包括电话推销、书面推销、导购推销等多种形式。

（2）人员推销的主要步骤。人员推销的整个过程可以分为若干步骤，每一个步骤中都有着相对独立的内容，上下步骤之间有着紧密的联系和清晰的逻辑关系——迪伯达模式。

迪伯达模式是指将人员推销进程划分为6个阶段：

1）需求发现阶段，指推销人员首先寻找和发现康乐消费者的不同需求。

2）激发兴趣阶段，指对康乐消费者的需求进行适当引导，使其转化为对本单位康乐项目的兴趣。

3）增强信任阶段，指提供具有说服力的证据，证明产品能满足康乐项目购买者和消费者的需要，增强消费者的信任。

4）促使接受阶段，指通过积极的游说，促使康乐购买者接受推销人员的建议。

5）促进欲望阶段，指在康乐购买者对康乐项目有了一定了解的基础上，促进其产生购买欲望。

6）产生行动阶段，指康乐购买者欲望形成后，推销人员便迅速使康乐购买者决策，采取购买行动，完成推销进程。

3. 公共关系

（1）公共关系的特征与作用。酒店公共关系是指酒店有意识、自觉地运用多种传播手段与社会公众（如康乐消费者、政府机构、社会团体、新闻媒介等）沟通思想感情，改善酒店与社会公众之间的关系状况，增强社会公众对酒店康乐项目的了解与支持，树立良好的企业形象与产品形象，从而提高社会公众对酒店及其康乐产品接受程度的活动。在这里，公共关系的行动主体是酒店，其作用对象是社会公众，其作用手段是信息传播，这是康乐公共关系能顺利开展的3个必要因素。

由于公共关系有着特殊的作用方式和影响，其基本特点一般表现如下：

1）作用面广。公共关系对象包含康乐企业内外的各个方面。强有力的公共关系有助于康乐企业建立起一个几乎覆盖社会各个层面的良好社会关系网络，从而使康乐企业在社会上产生较为广泛的影响，其作用范围显然已远不止是目标市场的顾客群了。

2）可信度高。康乐企业公共关系的着眼点是在社会公众中树立良好的企业形象与产品形象，活动的重点是与社会各方面建立起良好的关系而非推销产品。首先是以酒店付出为主，包括时间、财力、物力和情感等方面的付出，这有利于消除公共活动的作用对象对酒店的逆反心理，增强他们对酒店的真实了解程度，从而使他们较容易产生对酒店的好感，进而对酒店康乐产品产生信任感。

3）传播力强。虽然公共关系的传播手段很多，可以利用多种传播媒体，但现阶段公共关系传播通常是以新闻报道的形式来进行的，客观上比广告等促销手段的传播力更强。

4）效应期久。康乐企业与社会各方面建立良好关系，本身就是一个长期的、持续不懈的过程，并且一旦建立起真诚合作、互利互惠的关系，就会产生一个良性循环，而不会在短期内就发生根本逆转。

（2）实施公共关系的主要方法

1）编写新闻报道。酒店公共关系部门将酒店的康乐营销状况、项目和服务、公众对酒店的好评、员工新闻、酒店文化建设等内容写成新闻稿件，通过正式新闻媒体报道出去，会产生广泛的社会影响，甚至会收到正面的轰动效应。酒店还可以通过邀请新闻记者来酒店参观，为其采访提供方便，或者通过召开新闻发布会和记者招待会的形式，多向外界报道酒店的情况，让社会各界多了解本酒店。

2）策划演讲。由酒店领导人利用新闻媒体或其他宣传工具向公众发表演讲，介绍康乐项目的发展、经营理念和让利于消费者以及回报社会等方面的情况，回答各种问题，以提高酒店的知名度，增强酒店的美誉度，树立酒店形象。

3）做好公共性广告。这类广告包括酒店形象广告、声明广告、致歉广告、祝贺广告、慰问广告、公益广告、活动广告等。

4）发放宣传资料。酒店利用内部刊物、小册子、图片、报纸等形式，介绍产品、服务、重大活动等内容。

5）开展同业经验交流会、研讨会。通过组织、召开这些类型的会议，可以利用东道主或承办者的身份，既加强与同行业其他康乐企业的友好来往，善意沟通，也把本酒店好的做法不失时机地宣传出去，同时，还可以带头倡议、发起同行业的某项社会公共关系活动。

6）开展公益服务活动。酒店将一定的人力、财力、时间投入到一些有益于社会的公共事业、慈善事业、福利事业等方面，以体现企业的社会责任感，增强公众对企业的好感。

7）开展有社会公众广泛参与的大型活动。如举行有奖比赛、专题演讲会、多种纪念会等，吸引广大公众积极参与，扩大酒店及产品的社会影响。

8）其他形式。如以酒店的名称命名由酒店捐赠而兴建的学校、医院、福利院、青少年活动场馆、桥梁、公园、博物馆等，还可以以赞助、捐赠、援助等形式获得某项重要体育比赛的冠名权以及某支代表队的长期冠名权等。

4. 营业推广

（1）营业推广的特征。康乐营业推广指酒店在一定时期与空间范围内通过运用人员推销、广告、公共关系以外的各种短期诱因，刺激消费者需求和鼓励其购买的促销活动。营业推广的方式有很多，如赠送样品、举办展览会、进行示范表演和演出、发放优惠券等。康乐营业推广具有不同于其他促销策略的特征：如具有非常规性和非经常性，市场的针对性与刺激性强，可供选择的手段灵活多样，短期促销效果明显等。康乐营业推广以其自身的独特优势和作用，已成为众多康乐企业的常规促销方式。

（2）营业推广目标的确定。营业推广是酒店总的营销目标在促销策略方面的具体化。营业推广目标取决于酒店总的营销目标，而具体的营业推广目标又因对象的不同而分为两种基本类型，即以消费者为对象的营业推广和以推销人员为对象的营业推广。

1）以康乐消费者为促销对象，则营业推广的目标可定为争取新顾客勇于试用本酒店康乐项目，鼓励老顾客多续购，吸引竞争对手的顾客等。

2）以康乐推销人员为促销对象，则营业推广目标可定为鼓励推销人员积极推销新产品，开拓新的市场，刺激非季节性康乐产品的销售等。

（3）营业推广的基本策略。营业推广的方式很多，康乐企业应根据促销对象、促销目标、市场类型、竞争形势以及不同营业推广方式的成本、效果等因素，合理进行选择。康乐企业营业推广方式一般有：

1）针对康乐消费者的营业推广方式

①免费赠送。如免费送康乐运动纪念品等。

②销售奖励。如对康乐消费量达到一定标准给予奖励或优惠。

③给予价格优惠。如消费者可用低于正常价格水平的价格参加康乐项目。价格优惠多以折扣的形式进行，如发消费折扣券、折扣付款等。

④展销会。酒店通过资助、参与康乐器械展销会增强消费者对康乐项目和酒店的了解与关注。

⑤服务促销。以热情、周到的服务使消费者满意。

⑥消费信贷。对消费信誉好、经济实力强的消费者提供不同形式的消费信贷。

⑦包价优惠。通过包价形式，减少消费者享受康乐产品过程中的麻烦，降低总价格。具体如桑拿按摩组合包价等。

2）针对推销人员的营业推销方式

①销售红利。如比例提成。

②推销竞赛。举办销售竞赛，对优胜者予以奖励或晋升提拔。

③特别推销金。酒店给予推销人员一定的现金、礼品，以鼓励其努力推销本酒店康乐产品。

（4）营业推广方案的制定与实施

1）营业推广方案的制定

酒店在制定康乐营业推广决策时，不仅要确定营业推广的目标，选择适当的营业推广方式，而且还要制定出一个完整的促销方案，这个促销方案应包括以下内容：

①诱因规模，即奖励和让利的力度有多大，可用多少金额来表示。

②参与者的条件，即确定哪些人可以享受该项营业推广的优惠。

③奖励和发奖方式。奖励方式指奖励物，如发奖金、奖品等。发奖方式指发奖途径，如现场颁发、到酒店领奖、邮寄等。

④奖励期限，即合理规定奖励时段的长短。

⑤促销媒体分配。为把促销信息传递给目标市场，要选择不同的媒体进行组合。

⑥总预算。在营业推广促销活动开始之前对所需费用做好详细的预算，营业推广总成本主要包括管理成本（如组织活动费、印刷费、邮寄费）和诱因成本（奖励物价值）这两部分。

2）营销推广方案的实施与评估。酒店在实施一项具体的康乐营销推广方案之前，要对这一方案进行事先测试，以检验其可行程度。在实施过程中要进行控制，比如检查有关规则是否被破坏，实施时间是否按计划执行，成本、费用是否被突破，市场反应是否正常，宣传是否真实、得体等。方案实施之后对其效果要进行评价，评价方法一般是采取比较营业推广前后的销售及利润额，通过比较实际的销售业绩来测定其有效性。

第二节 酒店康乐部会员制促销

培训目标

➔ 了解会员制的目的与特点

➔ 掌握会员制的设计、运作与管理

现今，在国外和国内某些很高水准与高档次的康乐经营场所均采取严格的会员制，如高尔夫球场，采取的是一种较为封闭式的经营。而现代高档酒店的康乐场所普遍采用的是半封闭式的会员制经营，即将会员制作为一种较为重要的经营促销手法，而非主要手法之一。会员在康乐场所中，享有优先的优惠待遇。

一、会员制经营的目的与特点

会员制是指以组织和管理会员的方式实现购销行为的一种经营方式。

1. 会员制经营的目的

实际会员制经营管理的目的是通过利用会所经营管理的部分及附属设施，发展会员之间的友好和睦的关系，为会员休闲、保健、健身与商务活动提供服务。

2. 会员制经营的特点

（1）能为会员提供特殊服务。不仅有价格优惠，而且在优先服务项目及特殊服务上，会员均享受优先待遇。

（2）具有严密合理的制度，包括入会条件、手续、会员资格、会员义务及权利等。

（3）能为会员提供详尽的综合服务。

二、会员制的设计与运作

要能使会员制起到好的营销作用，并有利于日后会所的管理，在实施之初就有许多工作要做，如会员级别的划分、会员守则和会员章程的制定，会员卡的制作等。

1. 设计会员卡

会员卡设计时一定要考虑与酒店的档次相当，具体要求为：

（1）会员卡的形状材质可以参考银行金卡储蓄卡的设计式样或超市会员卡的设计式样。

（2）会员卡一定要设有专属编号和持卡人姓名。

（3）会员卡附有会员档案资料和消费记录卡。

（4）会员卡要求设计精美，具有收藏价值。

2. 确定积分制

会员在酒店的消费以积分的形式累积起来，达到不同的标准享受不同的待遇和优惠，这就是积分制。积分制也应事先制定，并让会员在入会之时充分了解。

（1）积分的计算

1）要设定积分的计算起点，一般是根据每次消费金额的大小来设定相应的积分。例如，以 10 元为起点设立分值，每 10 元为 1 分，消费 500 元则积 50 分，消费满 500 分，送美容店免费服务项目一个或其他赠品一个。

2）会员消费积分与服务项目卡相结合。例如，会员购买服务项目卡可以享有 9 折或 8 折优惠，而积分不变。一个 1 000 元的服务项目卡，会员以 8 折价购入，即 800 元，但会员当次积分将仍为 100 分。会员在这种情况下将真正实现物超所值，得到了最大的实惠。

3）为会员设立一个会员存折。会员的每次消费积分均存在会员存折内。会员在积分达到一定量时，可以随时取出来进行消费。会员也可以累积积分，当存折内的积分达到康乐中心最高积分档次时，会员将享受由康乐中心提供的相应丰厚的礼品大奖。

4）会员介绍会员加入，在介绍来的新会员首次消费时，会员可获得新会员消费金额的相应积分，而新会员积分不变。如新会员当次消费 1 000 元，介绍人可得 100 分，而新会员当次积分也为 100 分。介绍人的积分在新会员当天消费时将同时存入其本人的会员存折中。

5）会员存折分为正副两本，正本由会员本人保管，副本由美容保健品连锁专卖店保管。会员每次消费积分均由专卖店收银人员在正副本上分别填写并盖章确认。

6）会员利用会员存折中的积分消费时，当次消费属于免费项目不计积分，而存折中的积分则根据当次消费的项目金额而进行相应减取，例如，当次消费的免费项目属于相应金额的 1 000 分，则从存折中减去 1 000 分。存折积分多少，消费多少，不允许超支、透支或借支。

（2）积分计算日期。积分计算的日期一般都是从消费之日起计算，当会员的积分累积达到一定数额可领取相应奖品或获取某种优惠时，会籍部就电话通知会员。会员如果来领取奖品或享受本康乐中心提供的特殊优惠时，积分累积额退为 0；如果没有，累计积分继续累积至更高一层的奖品或优惠。

（3）积分奖励计划。采取积分制，达到一定积分额就有相应的奖品，这就要求事先设计一个积分奖励计划。

【实例 5—1】

某酒店积分奖励计划

为您推出的会员消费积分奖励计划能深得您的喜爱，我们感到由衷的欣慰。您是“家庭之主”，享受最尊贵的待遇是必然的。为让您获得永久的体贴和乐趣，本酒店推出积分奖励计划。

凡是本酒店的正式会员都可以参加，并且可随时提出奖品兑换申请（可通过拨打酒店客户服务中心电话××××××××）。

申领奖品时间：每个月的任意一天均可提出申领。

奖品兑奖时间：申请后的下一个月底前，由客户服务中心通知您领奖。

（注：有关积分奖励的规则解释权归本酒店所有。）

会员消费无人员限制，每张会员卡可多人使用，共同累计积分。

此次积分奖励方法及商品有效期为：200×年×月×日至 200×年×月×日（以提出兑换申请日期为准）。

（注：有效期后我们将对积分规则及商品等作相应的调整，但会员原有的积分不会改变。）

积分达到兑奖值可兑取相应奖励，剩余积分可继续累计。

积分奖励礼品价值会随市场价格变化而改变，为保障会员的权益不受损害，本酒店将定期对礼品进行调整，请注意获取最新资料。

单项奖品兑现时，您可要求其他等值礼品。

（4）积分获得及奖励办法。对积分获得的方式及奖励办法，也要事先确定并在会员入会之前作出解释。

【实例 5—2】

积分获得及奖励办法

1. 积分获得

（1）推荐朋友注册获得积分。从今天开始您只要向您的朋友、同事推荐使用本酒店会员卡进行消费，您将同样享有同您的朋友一样的积分奖励。通过积攒积分，您可获得我们赠送的超值礼品。

（2）本人及家属消费获得积分，消费越多，积分越多。

2. 积分奖励方法

会员饮食娱乐、住宿消费，按实际消费金额换算积分，即每消费 1 元可换取积分 1 分。推荐朋友也可获得同等积分奖励。我们还将不定期推出新菜式、娱乐服务等活动，活动期间会员入店消费即可获得双倍积分，我们的积分是不计时的。

3. 奖品设置

（1）不同积分有不同的奖品设置，积分越高奖品越丰厚。每个级别的积分提供多种不同的奖品供您选择。丰富的奖品会使你眼前一亮，想拥有它们就赶快使用我们的消费卡吧。

（2）奖品（略）。

4. 本办法解释权归本酒店所有。

5. 本办法自发布之日起实施。

（5）奖品申领办法。会员达到一定积分额就可申领奖品，为了对奖品及积分制进行有效管理，须事先确定奖品申领的方法和程序。

【实例 5—3】

奖品申领办法

亲爱的会员朋友，如果您的积分已经超过了领奖的积分，您可以填写下表申请领奖。

您的姓名：		您的卡号：	
申请时间：		固定电话：	
联系传真：		移动电话：	
公司名称：		邮编：	
通信地址：		目前积分：	
E—mail：			
申领奖品：			
备注：			

申领程序

首先，您须提出申请，填写申领表，然后将您本人身份证复印件或者扫描下来的电子文档发给本酒店客户服务中心。

其次，审核：在收到您的申领要求后，本酒店客户服务中心人员将在一个工作日内与您电话核对细节，并协商领取方式等相关事宜。

最后，进行奖品领取，核对您的积分情况，并请会员签字确认。

（备注：如您希望将所领取的奖项提供亲友享用，请您出具书面授权书。）

3. 制定会员守则

会员守则相当于会员与会所之间的一份合约，一旦会员申请成为会员就需遵守该守则。

【实例 5—4】

会员守则

本守则对××酒店的所有会员都有约束力，并构成本会及每名会员之间的一份合约，就如经每一方签署一样。经签署背面的申请表格申请成为本会会员，表明申请人已同意受本会员守则约束，包括将来制定的任何守则。

1. 会籍

（1）会员必须年满18岁。

（2）所有会籍申请须经本会批准，本会有绝对酌情权作出或保留有关批准，无须作出任何解释。

（3）会员对本会的组织、运作或管理无投票权，对本会的任何财产也没有任何权利或追索权。本会的会籍不得转让。

2. 会员卡

（1）每位会员于其会籍申请被接纳后，将获得本会发出的一张会员卡。新会员在收到会员卡后应立即于卡上签名。会员卡上的签名必须与申请表上的签名一致。

（2）会员卡只供持卡会员使用，不得转让。倘若会员卡遗失或被窃，应立即通知本会。本会再补发新卡，可收取费用。会员与本会有任何事务交易或参与任何活动时，必须于被要求时出示本卡。

3. 设施及服务

本会承认会员在被批准入会后，就有资格接受及享有本会提供的设施及服务，但必须先得到本会的邀请及受本会在提供该等设施及服务时订明的任何特定条款及条件限制。有关对会员作出的邀请，本会有绝对酌情权。

4. 会员偿付费用

本会可向会员收取费用，作为偿付本会按会员要求提供或送付任何资料或文件时所引起的费用或支出。

5. 更改会员守则

本会有绝对酌情权不时更改本会员守则，并以其认为合适的任何方式通知会员任何上述的更改。除非会员卡在任何更改生效之前被归还本会并作注销，否则会员须受已更改的守则的约束。

6. 退会

任何打算退出会籍的会员应以书面形式通知本会其退会的有关事宜，并将会员卡随同退会通知以挂号函件形式寄回本会。

7. 开除会籍

本会倘若认为任何会员的行为对本会有损或与本会的利益相违或违反任何会员守则，本会可开除有关会员的会籍。

被开除会籍的会员停止拥有会员的任何权利、福利或优惠，而且不再有权接受及享有本会提供的设施及服务。被开除会籍的会员在收到开除会籍的信函后须立即向本会交还会员卡。

8. 本会终止运作

××酒店有绝对酌情权于任何时候终止本会的运作。本会的运作被终止以后，会员的一切权利及优惠即告终止。

在任何情况下，会员不得也不能因本会终止运作而向本会、××酒店的董事、股东或管理人员提出任何性质的索偿或要求。

9. 个人资料

会员提供个人资料予本会纯属自愿。本会收集资料可用作不动产、货品及服务以会员为对象的促销，并可将资料转移给对该等促销有兴趣的人士及公司。在个人资料（隐私）条例生效后，会员可向本会要求查阅及更正资料。

4. 制定会员章程

会员章程一般应介绍会所的经营宗旨、会籍规章、会员权益、服务须知及其他事项。

【实例5—5】

××健身会所会员章程

第一章　健身会所会员章程

1. 本会员章程的设立是为了让所有会馆会员更好地享用本会馆的设施及服务。

2. 会员须持有效会员卡方可进入会馆。

3. 饮酒后拒绝进入本会馆。

4. 会馆会员在使用本中心设施时，必须穿着适当的服装（合身舒适的运动服）。

5. 会馆内禁止吸烟，随地吐痰，乱扔垃圾，喧哗，使用淫秽语言及一切违法活动。

6. 严禁心脏病、皮肤病及一切传染病患者进入会馆。

7. 请勿携带任何宠物进入本会馆。

8. 如在本会馆使用任何设施造成损坏，本会馆保留追究赔偿的权利。

9. 会员无权干涉会馆管理，若有问题或建议，可传达给会馆值班经理或会员服务部。

10. 在无会馆明确认可下，任何会员或客人不得私自移动会馆所属财产。任何由会员及其客人造成的财产损失由会员承担一切责任。

11. 只有受聘于会馆的专业的健身教练方有资格在会馆为会员和客人提供专业服务。

12. 所有会员承办私人活动需得到会馆的同意。会馆有权拒绝任何不利于会馆整体利益的私人聚会或其他活动。

13. 会馆及其管理部不对会员及其家人或客人在储物柜等地的财产损失或失窃负责。严禁将贵重物品交给会馆员工或部门托管。

14. 在会馆中因自身行为不当而受到任何人身伤害和财物损失，本会馆不负责任。所有会员及其他人应在使用会馆时对自己负全责。

15. 会员须严格遵守会馆各区域规章制度，如有违背者，本会馆有权暂停或取消其会员资格。

16. 其他不在本规则说明的一切事宜，××健身会所拥有最终解释权。

第二章　健身活动会员须知

1. 会员应根据工作人员的指示来使用设施和设备，不得错用和滥用。会员承诺其有责任学习如何正确使用设备和决定其参加的活动不会影响身体和健康。会员在使用完杠铃后应重新堆放回原处。

2. 会员在健身区应始终保持合理的着装。合理的着装为短裤、长裤和T恤衫。会员应始终穿着运动鞋，训练课的健身教练要求脱鞋的除外。会员不应佩戴首饰。

3. 会员保持包括其使用过的更衣室、洗手间和淋浴区在内的设施的整洁。会员在从淋浴区进入其他区域前，应当先将身体擦干。

第三章　会馆会员卡

1. 每位使用会馆设施的会员需持有一张有效的专属于本人的会员卡。不得以任何理由转借他人使用，若无此卡，恕不接待。

2. 所有会馆发出的卡皆不可退款或转让，只有持卡人方可使用。如因特别原因需转卡，必须经过会馆管理层的同意。转让须办转让手续并交纳1 000元转让费。

3. 若丢失会员卡，请立即报告管理部门，否则持卡人需对此卡所涉及的一切纠纷负责。补卡时需要交纳一定金额的手续费。

第四章　安全

1. 适度的锻炼是达到理想目标的关键，也是避免受伤的关键。所有的锻炼都有受伤的可能的，所以您将承担有可能发生的一切事故的风险。本会馆声明不接纳身体不达标的会员，所以在您加入会馆以后就表明您承认您的身体健康可承受健身锻炼，如发生意外情况与会馆无关。

2. 会馆不会给您提供任何有关医疗、医学、医药方面的建议。若您需要，请在进入本会馆之前办妥。

第五章　争议

如发生争议，双方应协商解决，协商不成应提交仲裁委员会仲裁，并按照仲裁结果执行。

第六章　收费项目

除了提供免费的服务之外，会员使用以下服务须按本中心的规定按次付费：私人课程、租用专用储物柜、饮料、食品、按摩服务、运动用品等（详见本中心内告示）。

本中心在物价局的核准和监管下拥有本中心有关收费项目的定价和收费的权利，包括但不限于在没有预先通知会员的情况下调整有关服务费、手续费和会籍费等收费标准。

第 6 单元 酒店康乐服务质量管理

康乐产品是酒店产品的重要组成部分，也是酒店经济收入的重要来源。康乐服务过程与客人感受、体验的过程是统一的，这决定了康乐服务质量管理的难度，因此，必须对康乐服务的过程进行严格的质量管理。康乐服务质量管理的主要方法是设计各康乐项目的服务规程，并通过规范化、标准化的操作来控制服务质量。作为康乐部员工，应对服务质量及其内涵、服务质量控制的过程及其目标有清楚的认识，并在服务工作中有效地运用和实践，不断提高自身职业技能水平。

第一节 康乐服务质量的控制

培训目标

- 了解服务质量的内容
- 熟悉并掌握康乐服务质量的衡量标准

一、康乐服务质量的衡量指标

康乐项目主要是用来满足人们休闲过程中的精神需要，因此，康乐服务质量是指酒店在有形和无形产品的基础上提供的服务适合和满足宾客需求的程度。也可以说是酒店以康乐设施、场地活动等有形产品为依托所提供的服务给客人的物质和精神需要带来的满足程度，即客人享用服务时获得的感受和满意程度。酒店提供的服务越能适合和满足宾客的需求，服务质量就越高，反之则越低。顾客在康乐消费过程中对服务质量的感受和满意程度通常是以 5 个方面为基础的。

1. 设施质量

设施质量指康乐活动和项目设施的规格和水平。康乐设施质量应与企业的等级、规模相适应，包括设施的先进程度、舒适程度、方便程度、安全程度以及设备的完好程度。

（1）设施性能。首先，设施的性能指标应达到康乐企业经营服务的要求；其次，在正常使用的情况下，设施性能应能符合产品设计的寿命。设施的性能是康乐服务质量的基本保证。所以，在企业规划初期就应对各品牌设施性能的情况进行调查，通过查看设备实际运转情况，了解此种设备用户的使用体会或通过试用来保证其性能的要求。

（2）安全和卫生性。酒店使用的康乐设备无论是桑拿设施、按摩椅，还是健身器材等都应符合国际或国家的安全卫生标准。如在噪声方面要求附带有消声、隔音装置；在安全方面要求考虑到设备是否有防止事故发生的各种功能，如自动报警、自动断电、自动停止等装置。设施的安全性是顾客进行康乐活动的保证。

（3）设施外观和舒适性。设施外观应与康乐活动项目相协调，符合时代潮流，以高雅、精细、容易操作为标准，康乐设施除外观外，更应注意其适用性和舒适性，保持对顾客的长期吸引力。

（4）使用方便。康乐设施很多都需要顾客亲自参与使用，所以应尽可能地采用易学易操作的设施，提高顾客的参与程度。目前，很多康乐设施都采用电脑控制，自动性强，操作简便。

2. 康乐环境质量

酒店的外观质量，如建筑物外观、招牌设计、门面装修等可以反映出企业的风格和档次；康乐企业内部环境、质量主要是通过提供愉快的康乐活动以及舒适的装饰环境，包括灯光色彩、环境设计等来提高顾客的满意程度。环境质量还包括员工、管理者和顾客三者之间的相互友好、和谐的人际关系。

3. 康乐项目质量

酒店所提供的康乐项目其质量包括项目的趣味性、项目的新潮程度、项目的文化品位以及项目的价格水平等。康乐项目质量构成了康乐企业服务的基础。康乐项目质量的高低具有一定的客观标准，顾客能直接感受到康乐项目的好坏程度。因此，加强康乐项目质量的管理是提高康乐服务质量的保证。

4. 劳务质量

劳务质量指员工为顾客提供服务时的行为表现。劳务质量是康乐企业服务质量本质的体现。劳务质量包括外在服务（服务员素质、服务技能、服务项目等）和经营服务（安全卫生、服务态度、地位、名声等）两类，这两类服务概括了顾客消费的利益享受和心理感受，这就是人们以劳务质量来衡量服务质量的原因。劳务质量也是康乐企业员工职业道德和团队精神的体现。

5. 时效质量

时效质量指迅速、正确、有效地为顾客提供服务。由于康乐服务生产和销售同时进行，不可预支，也不可保存，所以抛开时间观念谈服务质量是没有意义的。在某些情况下，顾客对服务质量在时效方面的需求甚至重于物质和精神方面的需求。劳务质量、环境质量和时效质量构成了康乐服务的功能质量，也称为无形质量。无形质量的高低在很大程度上依赖于客人的主观感受。

二、康乐服务质量的控制方法

康乐服务质量是通过一定的形式表现出来的，很多方面只有形式而没有实物，康乐服务不能像工业企业产品那样制定可用仪器检测的标准，而是以顾客的满意程度为标准。酒店经营的目的就是获取最大的利润，为达到这一目的，只有通过最大限度地满足顾客需要，使顾客满意来实现。因此，顾客的满意程度成为衡量康乐部服务质量的试金石。酒店提供的服务是由项目（设施）和劳务两部分组成的完美整体，但由于其中劳务服务的无形性和非量化特点，使得它满足顾客需求的能力和程度完全取决于宾客的主观感受。

1. 建立标准化的作业程序

建立标准化作业程序就是康乐服务在最大限度方便顾客的原则下，设计出来的最好的服务程序和方法，明确应达到的规格和标准。标准化首先要确定服务的环节及工作任务，包括卫生、安全、服务态度、服务效率等环节的质量标准；其次确定每个环节服务人员的动作语言、姿态、时间要求以及用具、手续、意外情况处理、临时要求等，标准化作业能使一些无形的因人而异的服务工作达到一致，标准化作业能使员工在很短的时间内掌握服务的诀窍，达到服务的高水平。标准化作业能保持服务质量的稳定。

2. 尽量把服务有形化

顾客对康乐服务的满意程度是通过已享受到的服务来评价的。感觉就是现实，如果顾客对服务没感觉，就谈不上服务的优良。为了使康乐服务质量具有可衡量性，在康乐服务经营过程中，在保证有形部分服务品质提高的同时，应尽量把无形服务部分有形化。

把康乐服务有形化，就是要使其具有可操作性，以既定服务规程和质量标准为依据规范服务工作，以保证服务质量的客观性和可测量性。如康乐服务往往是与康乐活动同时进行的，就应设计如何使热情待客、殷勤服务有形化；通过教育和培训员工，使他们按岗位工作细则、员工行为规范和服务程序等来操作。

3. 建立服务质量控制系统

服务质量是服务性质和性能的集合。服务贯穿于工作内容和服务体系中。为了保持稳定的服务水平，必须建立服务质量控制系统，对包括亲切感、热情、认真、细腻、准确、接待的合适度、缩短等候时间、卫生清洁状况、安全性及服务项目的完善性、竞争性等进行评估检查。

4. 建立顾客意见的反馈系统

要保持稳定的服务质量，提高服务水准，必须建立顾客反馈系统，把顾客的抱怨尽可能减少到零。顾客对服务的抱怨有两种：一种是显在的抱怨，即顾客指出或者是看出来的不满，或被服务人员发现的不满情绪，这类抱怨只要给予一定的重视，就容易找到措施补救。另一种是潜在的抱怨，即顾客对康乐服务的不满不予表示或表露出来，而是以不再光临或以“口传”方式转告亲朋好友。潜在的抱怨容易造成顾客流失，所以应建立一套公平有效的顾客信息反馈系统。

顾客反馈的信息，一方面来自企业的服务人员和经理，他们应对每天的工作进行总结，尤其是应明确改进的地方和方法；另一方面是来自顾客，服务人员应主动诚恳地征求顾客的意见和建议，或通过顾客的同事、朋友反馈意见。顾客意见是康乐服务的一面镜子，是衡量服务质量好坏的一把尺子。

5. 开展服务质量教育工作

质量教育是推行质量管理的前提。涉及全岗位、全过程、全体人员的服务质量管理不可能只依靠管理人员完成，而要靠全体康乐服务人员的积极性和创造性。

康乐服务质量教育工作包括两个方面的内容：质量第一的思想教育和个别

服务的意识培养。前者是教育康乐服务人员自觉执行服务规程和标准，后者则是教育他们树立为客人提供超值服务的精神。严格执行服务规程和标准是提供规范化服务的基础；提供服务规程外的个别服务是实现超值服务，使客人感受到超值享受的秘诀。只有持续进行服务质量教育，才能逐步培养出自觉、主动控制服务质量的康乐服务与管理队伍，达到服务质量控制的更高境界。

第二节　康乐服务投诉的处理

培训目标

- 了解康乐部常见的投诉
- 正确认识客人对康乐部的投诉
- 熟悉康乐部处理客人投诉的原则，能够恰当处理客人投诉

一、投诉的来源和方式

1. 投诉的来源

（1）来自客人。酒店的客人构成酒店的市场，他们的喜怒哀乐会直接影响酒店的声誉和效益，一般来说，客人的投诉总会事出有因，但可能因感情或情绪的影响而有所夸张，服务人员首先应做的是检讨自己为什么会造成客人的投诉，而不是与其在一些细节上纠缠，或因情节真假参半而一定要让真相大白。无论如何，客人的任何投诉都应成为酒店改进工作的最主要的依据。

（2）来自社会。来自社会的投诉即舆论界的批评，尽管它对酒店经济效益产生的副作用是间接的，但所形成的社会负效应及给酒店声誉所造成的损失却是巨大的。树立好形象并非一日之功，而形象由好变坏则一夜之间即可完成。

（3）来自上级。来自上级的投诉有的可能是转达客人的意见，有的可能是上级自己发现的问题，与前两类相比较，这类投诉更理性，也更具有针对性，因此，也就对工作更具有现实的指导意义。

（4）来自平级。来自平级的投诉往往容易被忽视，它所造成的压力远不及前3类，即便处理不好后果一般也不会十分严重。然而，酒店是一个有机的整体，应特别强调一种团队精神，如不能有效地处理好横向之间的关系，其结果会造成内部各个岗位的严重不协调和人际关系的极度紧张，最终导致酒店利益受损。

2. 投诉的方式

（1）直接向酒店投诉。这类客人认为是酒店令自己不满，是酒店未能满足自己的要求和愿望，因此，直接向酒店投诉能尽量争取挽回自身的损失。

（2）不向酒店而向旅行代理商、中介商投诉。选择这种投诉渠道的往往是那些由旅行代理商等介绍而来的客人，投诉内容往往与酒店服务态度、服务设施的齐全、配套情况及消费环境有关。在这些客人看来，与其向酒店投诉，不如向旅行代理商投诉对自己有利，前者既费力又往往徒劳。

（3）向消费者委员会一类的社会团体投诉。这类客人希望利用社会舆论向酒店施加压力，从而使酒店以积极的态度去解决当前的问题。

（4）向工商局、旅游局等有关政府部门投诉。

（5）运用法律诉讼方式起诉酒店。

站在维护酒店声誉的角度去看待客人投诉方式，不难发现，客人直接向酒店投诉是对酒店声誉影响最小的一种方式。酒店接受客人投诉能控制有损酒店声誉的信息在社会上传播，防止政府主管部门和公众对酒店产生不良印象。从保证酒店长远发展的角度出发，酒店接受客人投诉能防止因个别客人投诉而影响到酒店与重要客户的业务关系，防止因不良信息传播而造成的对酒店潜在客户、客人的误导。直接向酒店投诉的客人不管其投诉的原因、动机如何，都给酒店提供了及时补救、保全声誉的机会和作周全应对的准备的余地。正确认识客人投诉对酒店经营管理的积极影响，为正确处理客人投诉奠定了基础。酒店对客人投诉持欢迎态度，“亡羊补牢”也好，“见贤思齐”也罢，总之，“闻过则喜”应成为酒店接待客人投诉的基本态度。

二、康乐部常见的投诉

1. 服务效率低

服务效率低是康乐部最容易被投诉的问题，因此，服务人员听到有客人召唤，应该立即答应；听清客人的吩咐后，应该立即行动；不能满足客人的要求时，应该及时说明原因；提供服务应该迅速、准确；对营业高峰期排队等候的客人应说明特别照顾，妥善安排，并表示歉意。

2. 服务意识差

康乐服务对于客人来说属于高级消费，他们有理由要求得到较高的心理和精神满足，服务人员必须提供主动、周到的服务和保持热情、礼貌的态度。

3. 服务人员不礼貌

某些情况下，服务人员对客人不礼貌是因服务人员工作太忙而忽略客人所造成的误会。所以，无论工作多忙，服务人员在路遇客人时，都要使用服务用语问候客人或者让路、示意客人先行；跟客人讲话或者客人跟服务人员讲话时，服务人员应放下手中的工作，切忌边干边听；遇到自己无法满足客人要求的情况，应该寻求上级或者其他服务员帮助，务求使客人满意。

4. 服务人员索要小费

某些情况下，是因为个别服务人员变相（如暗示）索要小费使客人不满意而投诉。小费是国际上通行的客人对服务质量表示满意的表达方式，因此，酒店康乐部必须对收取小费的管理提出明确规定，控制好这一环节。

5. 客人的失物无法找回

客人的失物无法找回是引起客人不满意的一个方面，康乐部在工作中一定要注意让客人保管好自己的物品。如果发生客人丢失物品的情况，应积极协助客人寻找。

6. 设备维修不及时

康乐设备、用具损坏，服务人员没有及时发现和保修，甚至在客人提出后又没有能够及时通知维修人员或者维修人员不能及时赶到处理。服务人员应定期检修设备，在客人提出维修要求时及时修好设备，并向客人表示歉意。

7. 用品不足

康乐用品不足，客人久唤不补或者补不上。服务人员应随时掌握康乐用品的使用情况，及时补充。

8. 客人在康乐部受到骚扰

例如，服务人员走错房间、认错客人或者因治安管理不善造成客人受到干扰等。

9. 康乐设备、用具、用品、棉织品不清洁

康乐设备、用具、用品、棉织品不清洁会给客人留下不好的印象，会让客人认为康乐部的服务质量较低，故应该避免。

10. 客人的消费权益受到侵害

例如，出现质价不符等商业欺诈行为，酒店应制定严格的规章制度，防止和惩罚侵害客人消费权益的行为。

11. 客人提出的意见和建议遭到拒绝

康乐部员工对客人提出的意见或者建议应该虚心接受，即使认为客人的意见不合理也不要拒绝，因为这样会给客人留下不好的印象。

三、正确认识客人的投诉

一般来说，客人投诉既有积极的一面，也有消极的一面。消极的一面是可能影响酒店的声誉。因为客人通常在受到不公正待遇后，不仅投诉酒店，而且可能不再光顾，甚至还会把这个不愉快的经历告诉他们的亲朋好友。因此，如果忽视了客人投诉或对客人的投诉处理不当，将使酒店失去客人并且无法适应日益激烈的市场竞争环境。积极的一面是投诉像一个信号，告诉服务人员服务与管理中存在的问题。

正确认识客人的投诉，应从以下几个方面出发：

第一，客人向康乐部投诉表明他们对康乐部是信任的，是充满希望的。客人只有在相信或希望康乐部能够解决他们的问题时才会投诉。任何时候都不能枉费客人对康乐部的信任，不能使客人的希望破灭。

第二，客人的投诉可以使管理人员和服务人员及时发现服务的质量问题，并举一反三，杜绝类似的情况再次发生，同时，康乐部各岗位也可以从这些事件中吸取教训，促进服务质量和管理水平的提高。

第三，客人的投诉可以使我们及时发现设施设备、用具用品存在的问题。康乐设施、设备和用具的维护保养是康乐服务管理的重要环节，而顾客作为它们的直接使用者，所发现的问题可以成为第一手资料，为今后改进维护保养工作，再次选购有关设备物品，提供了重要依据。

第四，客人的投诉可以使出现问题的部门和有关个人真正认识到自己所犯的错误。面对客人投诉的压力，许多平时通过内部协调难以解决的困难和问题这时往往会迎刃而解。

第五，投诉的客人往往会再次光顾本店。通过正确处理客人的投诉，解决他们的问题，客人真正实现了作为“上帝”的价值，获得了对服务的满足，从而愿意经常到本店消费。因此，康乐服务与管理人员应该抓住这一有利时机，使客人对本酒店、对本部门的优良服务留下深刻的印象，成为本酒店、本部门忠实的顾客。

四、正确处理投诉

1. 处理投诉的原则

（1）承认客人投诉的事实。为了很好地了解客人所提出的问题，必须认真地听取客人的叙述，使客人感到酒店十分重视他的问题。倾听者要注视客人，不时地点头示意，让客人明白酒店的管理者在认真地听取他的意见，而且听取客人意见的人员要不时地说：“我理解，我明白，我们一定认真处理这件事情。”

为了使客人能逐渐平复情绪，酒店管理人员可以用自己的语言重复客人投诉或抱怨内容，若遇到的是认真的投诉客人，在听取客人意见时，还应做一些听取意见记录，以示对客人的尊重及对其反映的问题的重视。

（2）表示同情和歉意。首先要让客人理解，酒店方是非常关心他的光临以及那些服务是否令人满意的。如果客人在谈问题时表示出十分认真，作为处理投诉的酒店管理人员就要不时地表示对客人的同情，如：“我们非常遗憾、非常抱歉地听到此事，我们理解你现在的心情……”

假若酒店对客人提出的抱怨或投诉事宜负责，或者酒店将给予客人一定赔偿，仍要向客人表示歉意并说：“我们非常抱歉。我们将对此事负责，感谢您对我们提出的宝贵意见。”

（3）同意客人要求并决定采取措施。当作为酒店代表处理投诉时，要完全理解和明白客人为什么抱怨和投诉；当决定要采取行动纠正错误时，一定要让客人知道并同意酒店方采取的处理决定及具体措施内容。

如果客人不知道或不同意酒店的处理决定，则不要盲目采取行动。首先，要十分礼貌地通知客人将要采取的措施，并尽可能让客人同意既定的行动计划，这样才会有机会使客人的抱怨变为满意，并使客人产生感激的心情。

（4）感谢客人的批评指教。一位明智的酒店管理人员会经常感谢那些对酒店服务水平或服务设施水准提出批评指导意见的客人，因为这些批评指导意见或抱怨甚至投诉会协助酒店提高管理水平和服务质量。

假若客人遇到不满意的服务而不告诉酒店，也不做任何投诉；但是他作为光临酒店的客人，会讲给其他客人或朋友，这样就会极大地影响酒店的未来客源市场，影响了酒店的声誉。为此，当酒店遇到客人的批评、抱怨甚至投诉的时候，不仅要欢迎，而且要感谢。

（5）快速采取行动，补偿客人投诉损失。耽误时间只能进一步引起客人不满，此时此刻，时间和效率就是对客人的最大尊重，也是客人此时的最大需求，否则就是对客人的漠视。

（6）要落实、监督、检查补偿客人投诉的具体措施。处理客人投诉并获得良好效果，其最重要的一环便是落实、监督、检查已经采取的纠正措施。首先，要确保改进措施的进展情况；其次，要使服务水平及服务设施均处在最佳状态；最后，用电话问明客人的满意程度，对待投诉客人的最礼貌方式，莫过于对他的关心，许多对酒店怀有感激之情的客人，往往是那些因其投诉的问题得到妥善处理而感到满意的客人。

投诉的客人的最终满意程度主要是取决于对他公开抱怨后的关心程度，另外，酒店管理者和服务员也必须确信，客人，包括那些投诉的客人，都是有感情的，也是通情达理的，酒店的广泛赞誉及其社会名气是来自酒店本身诚实、准确、细腻的感情及周到的服务。

2. 处理投诉的程序

（1）倾听客人诉说，确认问题较复杂，应按本程序处理。

（2）请客人移步至不引人注意的一角，对情绪冲动的客人或由外地刚抵埠的客人，应奉上茶水或其他不含酒精的饮料。

（3）耐心、专注地倾听客人陈述，不打断或反驳客人。用恰当的表情表示自己对客人遭遇的同情，必要时作记录。

（4）区别不同情况，妥善安置客人。对求宿客人可安置其于大堂稍事休息；对本地客人和离店客人，可请他们留下联系电话或地址，为不耽误他们的时间，请客人先离店，明确地告诉客人给予答复的时间。

（5）着手调查。必要时向上级汇报情况，请示处理方式，给出处理意见。

（6）把调查情况与客人进行沟通，向客人作必要解释。争取客人同意处理意见。

（7）向有关部门落实处理意见，监督、检查有关工作的完成情况。

（8）再次倾听客人的意见。

（9）把事件经过及处理整理文字材料存档备查。

第 7 单元　酒店康乐部安全卫生管理

随着社会的进步，康乐项目的设施规模不断扩大，项目种类越来越多，康乐经营管理中的安全工作也越来越重要。作为康乐部管理人员，不仅要提高安全意识，而且要学习和掌握安全防护知识。

康乐部的卫生管理关系到顾客的卫生安全，也关系到企业的声誉和形象，在很大程度上影响康乐部的经营。康乐部的卫生管理要从两方面着手，一方面是员工的卫生；另一方面是各个项目场所及设备的卫生。

第一节　康乐部安全管理

培训目标

- 了解康乐安全事故产生的原因
- 掌握安全防范的措施及应急处理程序

一、安全事故产生的原因

安全事故产生的原因主要有4个方面：设施设备质量方面的原因，设施设备维修保养方面的原因，顾客使用设施设备方面的原因，康乐部在管理和提供服务方面的原因。

1. 设施设备质量问题

（1）大型游乐设备的质量问题。许多大型游乐设备在设计时就存在质量问题，尤其是无证生产的设备，所以，在选购之初就一定要选择正规生产厂家的设备。

（2）室内游戏设备的质量问题

1）电器绝缘性能太差，并且电源线不带保护地线，因而很容易发生漏电事故。

2）一些设备的外观非常粗糙，棱角处的装饰条和螺钉等有毛刺或表面尖锐锋利，很容易划伤顾客。

（3）游泳池设施质量问题。游泳池池底、池壁、地面和墙面多用瓷砖铺成，瓷砖质量和施工质量若不严格控制也可能引发安全事故。瓷砖的棱角处如果太尖锐，就很容易划伤顾客，特别是人的皮肤经水浸泡后很容易被划伤。另外，地面瓷砖应采用具有较强防滑性能的瓷砖，否则顾客容易滑倒摔伤，而且在这种很硬的地面上摔伤很可能引起骨折等严重伤害。

2. 设施设备保养维修不到位

设施设备保养维修不到位也容易引发事故。

（1）台球厅保养不当造成的事故。一般情况下，台球厅环境幽雅，设施豪华，打球的人文质彬彬，没有剧烈动作，不容易出现伤害事故，但若保养维修不当也难免造成事故。

（2）保龄球馆保养维修不当引发的安全事故。保龄球设备每天都需要认真保养，否则容易发生故障，引发事故。

按照规定，保龄球道应该每天除尘、打磨、涂油。涂油的区域和油膜的厚度都应按规定要求操作，但在发球区和发球区近端，球道是不应涂油的。有的保养人员操作随意，在转换球道时将油拖布或落油机很随意地从发球区拖过去，使发球区沾染上球道油，这样当打球的顾客踩上去时，就很容易滑倒摔伤，有的球馆就曾因此摔伤顾客，造成顾客骨折。

另外，保龄球的球体在长期使用过程中会出现破损，若不及时维修或淘汰，也可能引发安全事故。特别是指孔边缘如果碎裂，会出现较锋利的碴口，很容易划伤使用者的手指。

（3）壁球厅的安全事故。现在壁球厅的四壁大多由三面硬墙、一面玻璃幕墙或玻璃门构成。其中应特别注意玻璃幕墙的施工质量，并需要经常检查维修，因为壁球运动的运动量和动作幅度都较大，打球的顾客随时都可能撞到玻璃幕墙上，很容易撞裂玻璃，造成安全事故。因此，要经常检查和维修玻璃幕墙，如发现松动、开胶、螺栓与玻璃间的弹性衬垫破损等现象时，一定要及时维修。更要经常检查玻璃门，特别是合页部位和防止玻璃门反向开启的部件更要检修。如需更换玻璃，一定要更换中间夹胶的双层玻璃，以防止玻璃碎裂造成大的伤害事故。

此外，壁球厅的地面应保持稳固、清洁、干燥，否则顾客很容易滑倒摔伤。

（4）游泳池和戏水乐园的安全事故。游泳池和戏水场所的保养维修工作也非常重要。水池四周的地面应保持清洁，否则细菌很容易孳生繁殖，水藻、青苔也容易生长，地面很滑，顾客容易滑倒摔伤。

水质的保洁也很重要，否则水的透明度就会变差，而服务人员可能看不清水下发生的事故。

3. 顾客使用方法和活动方式不当

（1）准备活动不充分。有许多康乐项目是由运动项目转化而来的，有些活动比较剧烈，因此，在进行这些运动之前，应当先做好准备活动，否则就可能出现安全事故。例如，顾客游泳前若没做好准备活动，就容易出现抽筋；顾客在健身锻炼、保龄球运动、网球和壁球运动前，如没做好准备活动，也容易出现扭伤和拉伤。

（2）身体情况欠佳。顾客在身体情况欠佳时，应当注意不要参与危险性和刺激性强的项目，也不要参加较剧烈的运动。例如，酗酒后游泳或戏水就很危险；患有心血管病、脑血管病的顾客不宜参与强刺激项目，否则容易使病情加重，严重的甚至会由于病情突然恶化而猝死。身体不好时也不宜较长时间地洗桑拿浴。

（3）技术水平欠佳。有的顾客的运动水平欠佳，因而动作协调性、运动持久性有限，在这种情况下，出现安全事故的概率就相对大一些。再加上人们在康乐场所的环境里都比较兴奋，往往忽视安全，出现安全事故的概率进一步加大。例如，在游泳池往往会发生溺水事故，严重的甚至溺水而亡，而发生溺水事故的多数是游泳技术不好的人，也有的是在发生意外时，因不会自己解救所致例如肌肉痉挛（即俗称抽筋）。

（4）未按操作规定控制设备。操作规定是根据机器设备的性能特征和安全要求制定的，有的顾客在使用设备时比较随意，不按操作规定去做，这就很容易引发安全事故。在健身房有很多设备都有较严格的操作要求。

4. 管理和服务不到位

（1）保护不当。一些康乐项目的运动量很大，并且存在着一定的不安全因素。为了减少或消除这些不安全因素，在进行这些康乐活动时应该采取适当的保护措施，以避免出现安全事故。例如，在健身房进行卧推杠铃时，应该由教练或服务员提供适当保护；再如在游泳池的深水区，应当配备救护员，以便在发生溺水事故时采取救护措施。

（2）操作失误。有的项目需要服务员按照严格的要求操作，尽可能地避免顾客发生严重伤害事故。

（3）维持秩序不当。一方面，可能是顾客忽略所带物品，造成无意间将物品丢失；另一方面，这种公共场所也是小偷经常光顾的地方，稍有不慎会让顾客造成损失，因为在这种地方顾客与他们所带的物品会有分开的时候，例如，顾客在打保龄球的时候，一般顾客都会把手包之类的物品放在椅子上；在游泳池，顾客的衣物放在更衣柜中，此时小偷往往乘机下手作案。

（4）发生消防事故。康乐场所由于顾客流量大，且人员成分复杂，更应加强消防安全管理，否则后果将是非常严重的。康乐场所发生火灾的直接原因主要有3方面：

1）抽烟的人乱扔未被掐灭的烟头或尚在燃烧的火柴，引燃易燃物。

2）电器过热。引起电器过热的原因有电路老化、绝缘不良、电压或功率不匹配等。

3）使用不当，这主要是指有些电器本身就是发热的，且功率都比较大，例如电热风机、电桑拿炉、电取暖器等，而在使用这类电器时未注意与可燃物品隔离，可燃物品被电器烤燃而引起火灾。

二、安全事故的预防

安全重在预防，预防的措施主要有：

1. 加强对管理和服务人员的安全培训

通过培训，使全体工作人员认识到安全服务的重要性，认识到安全服务给企业、给顾客、给服务员带来的益处，提高全体工作人员贯彻以预防为主的安全管理原则的自觉性；通过培训，使全体工作人员认识并熟悉安全管理制度，并能提高处理安全事故的能力。培训的内容应涉及设备安全、人员安全、消防安全、治安安全等方面。

康乐部还应加强员工的安全操作技术培训，未取得专业技术上岗证的，不得从事操作带电的设备；开展经常性的安全培训和安全教育活动；建立安全检查工作档案，每次检查都要填写检查记录表单，检查的原始记录由责任人签字后存档。

2. 加强对顾客的疏导与解说服务

安全管理涉及的重点场所和重点部位，特别是对社会开放的公共康乐场所，由于顾客流量较大，有时会出现拥挤现象，容易发生安全事故，如挤伤、踩伤等。另外，人多拥挤也给小偷作案提供了方便。这时，管理和服务人员就应该特别注意加强疏导服务，维持好现场的秩序，以防止发生伤害或失窃事故。

在某些存在有危险性的康乐活动开始前，特别是一些大型游乐项目，应该对顾客进行安全知识讲解和安全事项说明，并具体指导顾客正确使用设备设施，确保顾客能够掌握正确动作要领。某些康乐项目对顾客的健康条件有要求，或不适合某种疾病患者参与，例如，桑拿浴、游泳、按摩、蹦极等项目，应该在该项活动的入口处以"警示"方式予以公布。在康乐活动进行过程中，应密切注意顾客的安全状态，适当提醒顾客注意安全，及时纠正顾客不符合安全要求的行为。

3. 加强与酒店保安部及公安、消防部门的合作

保安部是大型酒店或康乐企业专门负责安全保卫的职能部门。保安部全面负责安全保卫工作，包括营业场所的治安管理、企业的财产安全管理和消防安全管理。保安部的工作与康乐部的工作有密切联系，康乐部为顾客提供服务的过程中需要安保部的协作与配合，在预防和处理安全事故或消防事故时应接受保安部的指导与帮助，以便共同为顾客提供安全的服务。

公安部门和消防安全部门是政府的执法部门，是制定治安管理制度和消防安全管理制度的权威机关，在检查治安保卫工作和消防安全工作及处理相关事故的工作中具有权威性，拥有执法权。康乐部在经营工作中经常与公安部门和消防部门发生联系，接受监督、检查、指导，这对维持正常营业秩序、搞好经营工作具有非常重要的意义。特别是游泳场馆和歌厅、舞厅，更要搞好与公安机关的合作。

4. 建立完善的安全制度

康乐部管理人员应该特别重视安全管理，把安全工作放到重要的议事日程中，注意培养全员安全意识，并且应建立和完善各项安全制度，包括安全管理制度、全天候值班制度、定期安全检查制度、安全操作规程、安全事故登记和上报制度。

5. 具备完善的安全设施

康乐场所应该具备完善的安全设施：各康乐场所、公共区域均应设置安全通道，并时刻保持其畅通无阻；在游乐场各游乐区域（封闭式的除外），均应按 GB 8408—2008 的规定设置安全栅栏；严格按照消防规定设置防火设备，配备专人管理；安装报警设施，并按GB 13495设置警报器和火警电话标志；露天水上康乐场所应设置避雷装置；配备处理意外事故的应急救护设施设备。

三、安全事故的应急处理

安全事故的应急处理是指安全事故发生后应采取的处理措施。对安全事故的处理虽然属于被动管理，但是在康乐部的运营过程中却是不可避免的。对安全事故的恰当处理，能避免事故扩大，有效地减少事故带来的损失。

1. 治安事故应急处理

（1）主动巡查，注意疑点。服务员在服务中应经常巡查，仔细观察，发现可疑的人应采取继续观察、主动服务等方式，进一步了解和掌握情况。

（2）发生事故，尽快报案。一旦发生治安事故，服务员应马上向本部门报告，情况严重时，可立即向保安部报案，然后再向本部门汇报。

（3）紧急情况及时处理。有些事故应立即采取紧急措施，以免事态扩大，造成更大损失，也便于制止毁坏公共财物，阻止小偷行窃等。

（4）采取措施，保护现场。遇有重大案件发生，服务员在报案后应注意保护现场，以便于保安部或公安部门侦破案件。在公安部门侦破案件过程中，服务员应实事求是地主动反映情况，提供线索。

2. 打架斗殴、流氓滋扰、聚众闹事的紧急处理

（1）报警程序

1）报警：一旦发现打架斗殴、流氓滋扰、聚众闹事等治安事件，在场服务员要及时报公安机关。

2）报案人要讲明案发地点、人数、国籍、闹事人员是否携带凶器，并报告自己的姓名。

（2）处理程序

1）保安人员接到命令后立即赶到出事现场，将斗殴双方或肇事者分开，把肇事者带到保安部办公室处理。

2）保安人员检查现场是否有遗留物，设施是否遭到损坏，损坏的程度、数量。

3）如事态严重，有伤害事件发生，保安部应及时与当地派出所或公安机关联系。

4）在将斗殴人员带往保安部途中，要提高警惕，以免其逃跑。

5）值班经理接到报告后，应立即到达出事现场，发出控制事态发展的指令，负责弄清双方当事人的身份、国籍、居住地点，并进行必要的处理。

6）保安人员协助现场服务人员恢复经营秩序。

3. 抢劫、凶杀等暴力事件的紧急处理

（1）报警程序

1）员工发现异常情况时打内线电话报告保安部，说明本人身份、发现案件的时间、地点及简要情况。

2）保安部人员迅速到达现场，确认后做好保护现场工作，通知总机值班员由其通知有关领导立即赶到现场。

3）视具体情况，由保安部负责立刻向公安机关报告所发生的情况。

4）总机值班员接到保安部报警后，立即通知以下人员到场：

①夜间值班经理、发生以上事件的部门总监、经理。

②驻店经理、总经理。

（2）各部门人员到场后的职责

1）保安部人员的职责

①携带必要器材和警具、对讲机、记录本、手电等。

②布置警力保护现场，划定警戒线，控制人员进入，维护现场秩序。

③遇抢救人员则尽量不要破坏现场状态，对现场进行全部和局部重点拍照。

④协助救护人员抢救伤员，如需送往医院应与医务人员一同前往，并酌情向伤员了解记录有关案件发生的情况。

⑤向当事人、报案人、知情者了解案情并记录。

⑥配合公安人员检查现场。

⑦如发现罪犯正在行凶或准备逃跑，立即抓获并派专人监守，待公安局来人后交给公安人员处理。

⑧如有人质被绑架、扣押案件发生，应立即报公安机关，控制事态发展，采取必要措施。

⑨初步询问报案人、当事人有关案情。

⑩做好善后工作，包括清点客人财物等。

2）值班经理的职责

①负责协调各部门的工作。

②立即向总经理、现场最高领导汇报案情。

③组织对受伤人员的抢救。

④记录整个案件的处理情况。

4. 客人意外受伤处理

（1）安抚客人并检查客人受伤程度

1）发现客人受到意外伤害后，立刻帮助受伤客人移至安全位置。

2）向客人表示歉意，查验客人伤势，并尽量安抚客人。

3）如情况紧急（如发生客人溺水、骨折事件），服务员应立即利用已有急救知识进行抢救。

（2）通知医务室和领班并维护现场秩序

1）将客人受伤经过和伤势迅速通知医务室和领班。

2）征询客人意见或视当时具体情况来决定是否到医务室治疗。

3）维护现场秩序，避免其他无关人员围观。

（3）送客人到医务室。如需要将客人送至医务室，需通知大堂经理到场，由大堂经理组织人员护送客人并安排人员留守。

（4）记录事故经过。将事故发生的经过和处理结果详细记录在值班日志上，以备日后查阅。

5. 客人桑拿时发生意外的处理

（1）及时处理。发现客人发生意外，服务员应立即将客人搀扶到凉爽通风处休息。迅速取来浴巾盖住客人身体，并注意观察客人当时的情况。

（2）通知医务室和领班

1）迅速通知医务室派人到现场救治，并告知医务人员客人当时的症状。

2）通知领班或值班经理迅速赶到现场。

（3）对客人实施救治

1）按医生的要求为医护人员提供必要的帮助。

2）服从领导指挥，维护好现场秩序。

（4）结束。将事情发生经过和处理结果详细记录在值班日志上，以备查阅。

6. 客人损坏营业场所设施处理

（1）及时制止。发现客人破坏设备、设施立即上前制止，如个人无法控制局势，则迅速通知保安人员、领班到场。维持现场秩序，避免无关人员围观。

（2）保护事故现场，检查受损设备

1）将客人与事故现场隔离，服务员仔细检查设备受损情况，并进行详细记录。

2）保持事件现场原状，待保安人员到现场勘察。

3）向保安人员如实叙述事件发生的起因和经过。

（3）要求客人赔偿

1）向有关部门查询受损设备的价格，根据可修复情况，最后确定客人赔偿数额。

2）如客人属故意破坏行为，则依照酒店相关规定确定对客人的罚款数额。

3）向客人提出索赔。

4）如客人同意赔付，请客人到前台收银处交纳罚款。

5）如客人拒绝赔付，请大堂经理出面协调。

（4）报修。及时向工程部报修。

（5）记录事件经过。将事件起因、经过及处理结果详细记录在值班日志上，以备日后查阅。

7. 客人遗失物品处理

（1）检查客人遗失物品

1）在发现客人遗失物品后，应立即通知领班。

2）确认遗失物品是否为危险品（如易燃、易爆物，有剧毒物品）。

3）如怀疑物品为危险品，则通知保安部前来处理，如确认为非危险品则按规定程序处理。

（2）登记并将失物交领班处理

1）在第二人在场情况下将遗失物品的名称、形状、数量等特征详细记录在宾客失物认领单上。

2）注意寻找失物中如身份证、电话号码本等可以查询失主身份的物品。

3）登记完毕后，将物品恢复原样。

4）将宾客失物认领单同失物一起交由领班处理，如属贵重物品可在前厅收银处保险箱寄存。

（3）寻找失主

1）根据在失物中发现的线索或有关目击人提供的情况寻找失主。

2）如无任何线索可将失物交与大堂经理处理。

（4）交还失物

1）失物申领人前来申领，要认真与其核对物品的名称、形状、数量等各种特征，经确认无误后，可将物品交还申领人。

2）如申领人为失主代领，则在确认后请失主发出授权证明传真后，方可交还失物。

3）请申领人检查失物，确认无误后，在宾客失物申领单上签字。

8. 游泳池急救处理

（1）发现客人发生意外，服务员应立即将遇险客人急救上岸。

（2）对客人实施紧急救治

1）按照对溺水人员急救程序对遇险客人实施救治。

2）通知医务室人员和领班迅速到场。

3）按医生的要求为医护人员提供必要的帮助。

4）服从领导指挥，维护好现场秩序。

（3）结束。将事情发生经过及处理过程详细记录在值班日志上，以备查阅。

9. 营业场所火灾处理

（1）维护现场秩序，判明火灾形势

1）服务员要保持镇静，要稳定客人情绪，维持现场秩序，避免客人因慌乱而发生踩伤、挤伤的事故。

2）迅速判明起火位置和火势，准备备用照明用具。

（2）报警。迅速电话通知消防中心、总机等岗位，报告起火时间、地点、火情、燃烧物质及报警人等情况。

（3）组织客人撤离现场。服务员应立即组织客人安全有序地撤离火场，确保客人生命安全。

（4）根据火情采取相应处理措施

1）如火势不大，服务员应就近使用灭火设备灭火。

2）如火势较大，服务员应在外围维持秩序，阻止无关人员闯进火场。

（5）编写火灾处理报告。将起火过程和火灾处理过程作详细记录，并呈报上级。

第二节　康乐部卫生管理

培训目标

→ 了解康乐部卫生管理的内容

→ 掌握康乐场所的卫生规定和标准

一、员工卫生管理

1. 健康管理

康乐从业人员的健康管理是康乐业卫生安全的基础。良好的健康状况对任何人而言都是绝对必要的，因而员工在被雇用后每年应主动进行健康检查，并取得健康证明。健康检查分为新进人员健康检查与定期健康检查两类，目的是提高从业人员对健康的重视程度并了解自己的身体状况。

（1）新进人员健康检查。新进人员的健康检查有3个目的：其一，判定是否适合从事此行业；其二，依据身体状况分配适当的工作；其三，作为日后健康管理的基本资料。

健康检查中应检查诊断的项目有经历检查；是否有自觉症状与其他症状的检查；身高、体重、视力、色盲与听力检查，胸部X光检查，量血压，测定尿中是否有糖尿与蛋白尿；粪便的细菌检查（必要时作寄生虫卵检查）。

（2）定期健康检查。定期健康检查的目的在于提早发现问题，提早解决问题。因为有的带菌者本身并没有疾病症状，所以健康检查有助于早期发现疾病并给予适当治疗，同时可帮助受检者了解本身的健康状态及变化。定期健康检查每年至少一次，这样才能达到预防效果。

2. 卫生管理

员工个人卫生是康乐卫生一个重要组成部分。职工尤其是从事美容美发、按摩类的服务人员，很有可能直接接触康乐设备、器材，他们有可能就是致病菌的携带者，因此，必须注意员工个人的卫生管理。

（1）个人卫生管理

1）身体不适要报告。工作人员应具有健康意识，懂得基本的健康知识，保持身体健康，精神饱满，睡眠充足，完成工作而不觉得过度劳累。如感不适，应及时向主管报告，例如，呼吸系统的任何不正常情况（感冒、咽喉炎、扁桃体炎、支气管疾病和肺部疾病）、肠疾（如腹泻）、皮肤发疹、生疖等疾病；如果受伤，需报告受伤情况，包括被刀或其他利器划破和烧伤等。

2）养成个人卫生习惯。工作人员应讲究个人卫生，养成良好的个人卫生习惯。不用指尖搔头、挖鼻孔、擦拭嘴巴，饭前便后要洗手；接触康乐设备或材料前要洗手；不可以在他人的面前咳嗽、打喷嚏，经常洗脸、洗澡以确保身体的清洁；经常理发、洗头、剪指甲；不随地吐痰、抛弃果皮废物；注意保持仪容整洁，不留胡须，剪短头发，戴帽后不可露出头发，不可佩戴饰物，经常保持服装干净整洁，并穿清洁舒适的平底鞋。

3）穿戴的卫生。工作时应穿戴清洁的工作衣帽，目的是防止头发、毛线、夹杂物等异物混入食品。

工作衣帽的制作应合乎卫生、舒适、方便、美观的原则。布料应不易黏毛絮、不起毛、易洗、快干、免烫、不退色，颜色以浅色为主，如白色、浅蓝、浅绿、粉红。工作帽应能遮盖头发。

（2）工作卫生管理。工作卫生管理的目的是防止工作人员因工作时的疏忽而导致设备、用品遭受污染。工作人员不可在工作场所吸烟、饮食，非必要时勿互相交谈。

3. 卫生教育

进行卫生教育的目的是使工作人员有正确的食品卫生知识。对象可分为新进人员、在职人员，范围包括管理者及员工。

对新进人员进行卫生教育的目的是让新进人员了解康乐业的特性和作业体系，以及卫生对其的重要性。内容应包括卫生管理体系、个人卫生、环境卫生。

在职人员进行卫生教育的目的是提醒工作人员卫生的重要性并加强卫生管理，内容以改正平时的缺点为主。

卫生教育可通过如下方法进行：

（1）定期举办员工卫生讲习会或演讲。

（2）举办卫生竞赛。

（3）分发宣传册或宣传单。

（4）放映幻灯片或影片。

（5）个别机会教育。

二、设备卫生管理

康乐部各项目场所卫生工作的特点是工作量大，重复率高，各项目卫生要求存在差异。工作量大是由于康乐部项目种类多、设备数量大，设施设备与顾客接触多。重复率高是由于顾客流动量大、设备使用频率高，有的设备每换一位顾客就要清洁一次，如按摩和美容、美发设备，同样的卫生工作每天都要多次重复。各项目要求存在差异是由于各项目之间在康乐内容、设备结构、使用方法等方面都存在很大差异，卫生要求和工作内容也不一样，有的地方需要对水质消毒，如游泳池；有的地方需要对器具消毒，如更衣室的坐垫、游艺机的手柄；有的地方需要对地面吸尘，有的地方需要用拖布擦拭，有的地方需要专用工具除尘和打磨，如保龄球道。

1. 制订清洁卫生计划

清洁卫生计划是对清洁卫生的内容、时间、频率、责任人等的安排。有了良好的计划，清洁工作就有了明确的目标和步骤，就可以增加员工的协调性、主动性，减少盲目性，使工作有条不紊地进行。

（1）日常清洁保养。根据各区域的活动特点和保洁要求，列出所有责任区域的日常清洁基本标准，以便进行工作安排和检查对照。其一般形式与主要内容如下所述：

1）大厅及走廊。随时保持整洁，早中班每小时进行一遍地面推尘、倒烟灰、座位整理、扶手与平台抹尘、清除地毯及水中垃圾。夜班进行全面清洁。

2）客用电梯。早中班每4小时清扫一次，夜班进行全面清洁。

3）客用洗手间。早中班每1～2小时进行一次清理。下午及凌晨各做一次全面清洁。

4）餐厅和舞厅。每日营业结束后进行全面清洁保养。

5）多功能厅。每日清洁一次，需要时可随时清洁。

6）行政办公室。每日下班后清洁一次。

7）员工更衣室。每日早中班各清洁一次。

8）员工通道与电梯。每班清洁一次。

9）外围。每日早晚清扫两遍，其他时间由外围服务员随时保持其整洁。

（2）服务员分工负责。根据日常清洁标准，将各项工作落实到早、中、晚3个班次，再根据工作量多少确定各班次所需要的人员并为服务员划分责任区。为了保证工作的实施及便于检查效果，应制定出早、中班各责任区服务员的工作流程和时间分配方法，而晚班通常只需列出其工作内容即可。

（3）分期清洁保养计划。制订分期清洁保养计划类似于康乐场所的卫生计划，由于康乐场所区域分块多，各处的使用情况有别，环境要求也不同，所以这一计划以各区分列为宜。

2. 制定清洁卫生制度与标准

清洁卫生制度是清洁卫生的规程和准则，它能为完成清洁任务或目标提供保证。标准是应该达到的要求，这可使清洁人员和检查人员有据可依。

三、清洁卫生检查

清洁卫生的检查主要起监督作用。检查又分清洁员自查、领班检查、经理检查。

对于清洁卫生的检查，宜根据各场所的清洁质量标准制定相应的表格，检查时将结果记录下来，并提出改进意见，同时，可将检查结果与工作绩效考核结合起来，以实际的奖罚措施来督促相关人员认真执行。

第 8 单元　酒店康乐部人员管理

合理的岗位设置和人员安排是康乐部效益和效率的基础。有效的员工管理就是为了最大限度地发挥员工的积极性和主动性。康乐部经营不仅要求有专职的服务人员，而且还要求有专业的技术人员。康乐部的岗位根据经营内容来设置，每个岗位都必须职责明确，这样才能确保康乐部有效经营。酒店必须先为员工提供良好的工作环境，使员工在精神上高度投入，才能更好地为顾客服务，这就需要对员工给予适时的、恰当的激励。

第一节　酒店康乐部员工的岗位与编制

培训目标

➔ 能够确定酒店康乐部员工的岗位与编制

➔ 熟悉康乐部使用员工常见的几个误区

一、康乐部员工的配备

康乐部员工的合理配置，一是指满足经营活动所需要的工作人员的配备，包括管理人员、服务人员；二是指根据康乐项目进行分工定岗，即岗位的选择，安置合适的人选。一个康乐部经营哪些康乐项目是不完全相同的，每个项目对岗位的要求也各不相同，即使是同一项目因服务内容的差异，岗位设立也不完全一致。如歌舞厅的主要岗位有迎宾员、服务员、KTV 服务员、清洁员、灯光音响师、收银员、调酒师、经理、乐队、歌手、演职人员等，夜总会的岗位要比歌舞厅更多一些。康乐部员工定岗是否恰当，不仅对康乐部的工作效率、服务质量有直接影响，而且对劳动力成本的开支、经营管理的成本都有直接影响。

1. 根据娱乐项目设岗

根据娱乐项目来设立岗位，一是保证每个项目经营服务的需要，二是岗位针对性比较强。每个娱乐项目的正常经营都需要包括管理、服务和专业技能人员，娱乐项目越多，其岗位也就越多。

2. 根据服务内容设岗

很多娱乐项目因康乐部自身条件的差异，在提供服务内容上会有区别，如有些酒店的桑拿、洗浴中心只提供基本的桑拿、淋浴、搓澡等服务，而有些酒店的桑拿、洗浴中心则提供按摩、洗浴单间等服务内容。服务内容与岗位和人员成正比。

3. 根据服务的规格档次设岗

服务规格越高，提供的服务越到位，所需的服务人员就越多。VIP 贵宾浴室除提供一般的洗浴服务外，还要有专人为顾客提供调水温、水冲、搓背、换毛巾、擦鞋等一系列服务。

二、康乐部员工的编制

康乐部员工岗位确定后，还应根据每个岗位的特征来确定其编制。

1. 确定编制的原则

（1）节省人工成本。康乐部劳动力的使用，需要使每个岗位的每个职工得到最大限度的利用，这就需要科学地安排劳动力，避免劳动力过剩。

（2）保证服务质量。服务质量是康乐部经营的基础，为保证达到服务操作标准，康乐部需要达到最低限度的员工数量和基本的岗位安排。

2. 固定工和临时工的使用

康乐部因经营时间和周期的不同，对职工的安排常常分固定工和临时工。固定工是每个岗位保证经营需要的最基本的员工；临时工是在康乐部营业高峰时间需临时增加的员工。康乐部经营大多是在下午或晚上才进入营业高峰期，这就为安排临时工提供了时间上的条件。在其他行业工作的职员或学生晚上可以到康乐部从事临时性的工作。这些工作岗位主要集中在服务第一线。

3. 基本岗位和编外人员的使用

康乐部因其岗位的特殊性，往往需要在某些比较重要的专业岗位聘用编外人员。首先，这些岗位人员专业技能较高，培养所需要的时间较长，酒店没有必要固定拥有这些岗位的人员。其次，酒店对这些岗位人员的需要具有时间性和季节性，尤其是节目编排和娱乐活动举办方面都需要不断更新。

【实例 8—1】

某酒店桑拿室男宾部服务人员岗位配置

为了提高服务质量，杜绝员工之间互相推卸应尽的责任，将责任落实到人，特制定下列制度。各区域定岗责任人未达到所定标准者，将给予相应处罚：

1. 男更衣室入口处（定岗1人）

（1）热情迎接进入更衣室的宾客，交代给具体的服务员服务或引领客人至具体的更衣柜前，即可返回。

（2）当有离场客人无服务员送出时，需负责将客人的钥匙卡交至柜台，防止跑单现象的发生。

（3）空闲时留意更衣室内的情况，防止客人拿错卡或遗漏物品，协助同事送消费卡至收银处。

2. 流水作业区电脑台（定岗1人）

（1）协助擦背师进行电脑下单，在下班时负责将技师单统一送房。

（2）负责出入流水作业区客人的钥匙卡、手机等小件物品的存放弃做好记录。

（3）协助维护沐浴间、洗手台的清洁卫生，做到物品归类，摆齐，及时收拾闲置脏物。

3. 二次更衣室（定岗1～2人）

（1）保证客人手机柜中的物品已取。

（2）服务客人更换短裤、浴袍，提醒客人是否带齐物品，在条件允许的情况下引领客人至休息厅，然后即时返回。

（3）帮返回流水作业区脱下短裤、浴袍的客人检查衣袋里是否遗漏的物品，并需明确告知客人，衣袋内已无物品，以防事后物品遗失时产生误会。

(4) 随时注意维护二次更衣室附近区域的卫生。

(5) 于空闲地段及时清理脏物。

4. 浴区公共区域（定岗1至若干人）

(1) 随时观察干、湿蒸房内的温度，留意客人的状态，劝阻饮酒的客人进入，确保客人的人身安全。

(2) 及时补充冰毛巾柜内的毛巾，保证客人的使用。

(3) 整理并补充水吧台上的杯具，随时留意各类凉茶是否准备充足。

(4) 及时清理洗手间，补充厕用卷纸，保持洗手间无异味，无杂物，无大小便污迹。

(5) 在水池内无客人时，迅速擦拭附着在水池边之黑色污迹。

(6) 负责帮客人将浴巾挂在钩上。

(7) 巡视冲凉房区域，保证沐浴间及洗手台的卫生清洁。

(8) 随时清理区域内客人遗留的空杯等物。

(9) 随时注意天花板上是否有积水、污迹，在不影响客人的情况下擦拭。

5. 更衣室（定岗2至若干人）

(1) 服务所在区域入场、离场的客人更衣，在更衣时细心留意客人的手机、钱包等小件贵重物品，谨防错拿现象的发生，客人离场时必须提醒客人有无带齐物品。

(2) 帮返回更衣室脱下短裤、浴袍的客人检查衣袋里是否有遗漏的物品，并需明确告诉客人，衣袋内已无物品，以防事后客人物品遗失时产生误会。

(3) 保证所属区域的物品摆放及卫生情况符合《卫生清洁制度》的标准。

(4) 各区域服务人员须互相协助，保证第一时间内送交离场客人的消费卡到前台收银处。

(5) 靠近水池入口处的服务人员，在空闲情况下须引领返回更衣室的客人至其衣柜前。

(6) 靠近美发台区域的服务人员须负责美发台卫生符合《卫生清洁制度》的标准。

(7) 各区域的服务人员遇到有离场客人经过身边时，均有义务询问该客人是否带齐物品，以免产生不必要的误会。

上述定岗仅属相对，而非绝对。所有区域服务人员在完成自身工作之后，均有义务协助其他同事，为进入本中心的客人提供服务。

三、康乐部使用员工的几个误区

1. 过分强调外表

康乐部提供的服务不是靠员工的外表，而是靠员工的实力（技能），靠多年的经验积累所构成的服务技巧。一个优秀的服务员，必须掌握工作的基本知识及所需要的技能。

2. 只聘用女性

康乐部所提供的服务是多种多样的。女性往往比男性更细心、服务更周到，但这并不代表康乐部就只需要女性，男性在合适的岗位提供的服务也同样能做出骄人的成绩，因此，以性别作为录用标准是不可取的。

3. 追求吃“青春饭”

过去说“青春饭”，意味着靠漂亮的外表谋生。今天所说的吃“青春饭”则已经远远超出了传统的范畴，不再是指单靠外表吃饭的人，更多的是指年轻人凭青春的激情，加上知识才干，内外合一的气质。现在“青春不再”的定义不再是美貌的逝去，而是指因知识、心态和能力等原因，心理、观念、感觉呈现老态。在市场经济的前提下，知识是有价的，美丽也是有价的，外秀兼内秀才是真正的完美组合。

第二节　康乐部员工的激励

培训目标

- 了解并掌握酒店康乐部激励员工的方法
- 掌握对康乐部员工进行强化管理的方法
- 能够填写康乐部员工常用管理表单

康乐部的服务主要是使顾客从精神上得到满足，而现有酒店康乐部人力资源存在着以下几大问题：员工流动速度过快，核心员工流失严重，缺乏长期的人才储备，系统规范的员工培训不够等，因此，酒店必须先为员工提供良好的工作环境，只有员工在精神上高度投入，才能使员工更好地为顾客服务，这就需要对员工给予适时的、恰当的激励。

一、员工的激励

根据马斯洛的需求层次理论（生理的需要、安全的需要、社交的需要、尊重的需要、自我发展的需要）和赫兹伯格的双因素理论（保健因素、激励因素），康乐部对员工的激励应从以下方面着手：

1. 确定合理的工作量

合理的工作量的确定要结合酒店的组织结构、岗位职能与人员配置。

（1）整个单项工作流程工作量与完成工作流程的时间分析

这其中包括完成正常作业、疲劳、延误、工作环境配合、努力等因素的时间标准，然后据此测算出单位整体工作量所需投入人力的数量。

（2）单位整体工作量分析。一般有以下几种方法：

经验判别法：指根据康乐部主管及人事、策划部门人员的经验，分析出各种性质工作对单项任务完成所需的工作时间，由此判断出人力标准量。

统计法：统计法指利用部门相同或类似某单项生产、计划和任务完成所需的工作量和人事统计纪录，对本部门的工作负荷进行研究与分析，然后利用统计学平均数、标准差等来确定完成某项工作所需的人力标准。

随机抽样法：随机抽样法是依据统计学原理，以随机抽样的方法来测定一个部门在一定时间内，从事某项工作所占规定时间的百分率，然后根据百分率来计算效率标准。

按照以上科学的方法确定合理的工作强度，将会使员工感到自己存在的重要性。工作量（强度）使员工们明确了在何种条件下能够拿到基本的工资收入，在何种情况下能拿到超额的奖金，使员工有努力的方向和动力。

2. 为职工提供基本的福利保障

人需要有一定的安全感、归属感，只有消除了生活的后顾之忧，才能长久地、愉快地把工作做好。对许多员工而言，安全需求表现为安全而稳定以及有医疗保险、失业保险和退休福利等。根据酒店康乐部门员工的任职资格以及工作描述，在员工评估职业时，主要把它看做不至于失去基本需求保障。因此，酒店管理者应该着重利用这种需要，强调规章制度、职业保障、福利待遇，并保护员工不致失业。如果员工对安全需求非常强烈时，管理者在处理问题时就应慎重，并应该避免或反对冒险，而员工们将循规蹈矩地完成工作。酒店还可以为员工提供其他一些福利性的帮助，比如说通过赞助援助员工的计划和为员工作信用担保等，以这种方式表示对员工需求的关心，或制订一些支持员工的计划，包括提供服务、职位阶梯和分享企业利润。

3. 为职工提供工作所需的基本保障

康乐部的工作条件和环境，包括职工食堂、员工宿舍、酒店医务室等，为员工提供基本的职业保障。此外，还需要营造良好的人际关系环境，增加同事间的交往。对康乐部职工基本的激励方法是增加工资或提高报酬，改善工作条件，给予员工更多的业余时间或休假，提高福利待遇。

4. 对员工的工作成绩给予肯定

在激励员工时应特别注意有尊重需求的管理人员，对其应采取公开奖励和表扬的方式。布置工作要特别强调工作的艰巨性以及成功所需要的高超技巧等。颁发荣誉奖章、在酒店的刊物上发表表扬文章、公布优秀员工光荣榜等方式方法都可以提高员工对自己工作的自豪感。有专家认为：当人的某个行为作出后立即被奖励，他将乐于再作出这一行为。因此，对员工的工作成绩应适时地通过多渠道给予表彰和鼓励，使员工认识到自我，认识到自己的重要性，提高员工对自己工作的自豪感。

对员工工作的赞扬不仅使他对自己取得的有价值的成绩感到满足，而且还会使他们赢得社会和同事的赞许，从而满足员工的自尊心。

5. 树立组织的整体观念，增强员工责任感

培养员工共同的责任感应始于新员工加入时，新员工需要学会的是对顾客和对其他员工的责任感。要使这项工作持续进行还需要关注顾客对负责任的员工的反馈信息，经常回顾员工工作中表现出责任感的行为以及对那些为地顾客提供良好服务的员工进行当众表扬。

6. 尊重员工

当员工感觉不到被上级或同事尊重时，他在为顾客提供服务的过程中往往易于急躁，因此，管理人员在与员工的交往中应注意自己的言行，处处体现出对员工的尊重。

（1）不要对员工颐指气使。

（2）多用礼貌用语。

（3）要感谢员工的建议。

（4）对待员工要一视同仁。

（5）聆听员工的心声。

（6）合理安排工作让员工充分发挥自己的技能或专长，使他们在为酒店工作时能在内心对自己的价值有满足感，通过发挥其技能使自己产生优越感，对自己充满自信。

（7）给予员工决定的权力

1）为员工提供配备的人员、资源及相关知识等，以使员工更有效地工作。

2）使每个员工都了解组织内部发生的事，会使酒店在对顾客的服务过程中受益。因为，如果在服务中有一时无法处理的情况发生，员工会很快找到答案或让能处理情况的员工来为顾客服务。

3）为下属所犯错误承担相应责任。

4）在其他人面前为自己的下属辩护。

5）把注意力集中在解决问题上，而不是一味地责备有过失的员工。

7. 分析员工不满的原因

康乐部员工的不满情绪可能是因为员工的能力或付出与工作的需求或收入不相匹配。作为康乐部管理人员应帮助员工分析工作，并对工作态度进行正确评价。

（1）从事的工作对员工要求是否过高。如果这项工作是员工的能力所不能胜任的，可能会使员工灰心和失去安全感，那么对员工的帮助可以采取：一是提高工作能力，如培训、进修等；二是通过工作轮换，减轻员工负担或增加新奇性。

（2）从事的工作是否能使员工达到他的目标。如果一个员工的目标就是为了多挣钱，他必然会对没有增加收入机会的工作感到不满。对这类员工最好的做法是帮助他，使他知道如何在某些方面提高自己，让自己得到晋升或得到更高的报酬。

（3）员工从工作中是否期望得到的太多。一般来说，年轻的、没有经验的员工期望从他的工作中得到更多的报酬。当管理者了解到员工有这方面的抱怨时，应设法了解他的想法，倾听他的意见，并帮助他们解决这一问题。

8. 谨慎地对待员工的差错

员工出现了差错，如果批评处理得当，往往能使坏事变成好事，收到意想不到的效果。把握好批评，不仅能使犯了差错的员工心服口服，轻装上阵，而且能激发员工将功补过，更加努力工作。同时，员工还能从中吸取教训，积累经验，不断提高工作能力；年轻主管也能从中进一步树立自己的威信，增强自己的号召力和凝聚力，赢得员工的信任和拥戴。管理人员应做到：

（1）掌握批评的原则

1）批评的出发点和动机必须正确。批评不是为了整人，也不是为了把对方压垮。在批评的过程中必须首先遵循“团结—批评—团结”和“惩前毖后，治病救人”的原则。实践证明，批评能否取得良好效果，核心和关键是出发点是否正确，动机是否纯正。如果从成见出发，即使批评的内容正确，也往往不为下级所接受。同时，批评下级不能厚此薄彼，而要一视同仁，公平合理，公道正派，实事求是，坚持批评面前人人平等。

2）批评必须对症下药，有的放矢。批评是一个十分严肃的问题，一定要抓住对方错误的实质，有针对性地进行，不能主观臆断。因此，在提出批评之前，一定要做深入细致的调查研究，弄清问题的症结，并对产生问题的原因作具体分析，分清哪些是主观因素，哪些是客观因素，然后再进行批评。只有这样，才能保证批评的公正性，做到有的放矢，收到应有的效果。

（2）批评要分场合，抓住最佳时机。批评的场合非常重要，一般不要当众批评，否则会增加被批评者的心理负担，影响他们在同事面前的威信，增加他们以后开展工作的难度。有些批评需要当面或在公众场合进行，必须事先做好对方的工作或事后作适当的解释。如果两位下级心存芥蒂，情绪对立，就不能当着这个批评那个，这样容易使一方认为上级是在支持自己，而另一方则认为上级是在贬低自己，以致激化双方矛盾。

选择最佳批评时机是批评中需要高度重视的一个重要环节，是取得良好批评效果的一个重要因素。一般情况下，对于工作中出现的共性问题或习惯性错误要及时对当事人提出批评，这样可以避免问题复杂化，使当事人记忆犹新，也便于总结和改正，但也要处理好“时间差”的问题，能及时提出来的要及时提出来，不宜立即提出来的，可先“挂起来”，往后拖一拖，实行“冷处理”，等到开民主生活会的时候或者班子考察、年终总结的时候，再提出忠告性的建议，这样也便于对方接受。当然，有些批评是必须在公众场合下进行的，背后批评或私下批评效果反而不好。

（3）批评要区分对象，选择合适的批评方式。对下级的缺点和错误给予批评指正是完全必要的，但批评时一定要区分对象，针对不同对象的不同性格，采取不同的批评方式。只有这样，才能增强批评的效果。例如，对于脾气暴躁、性格内向、好钻牛角尖、爱发牢骚的人，宜采用商讨式批评；对于坦率直爽、性格开朗、知错就改、谦逊豁达的人，宜采用一针见血的直接式批评；对于固执己见，自尊心、虚荣心、依赖心理、试探心理都比较强的人，宜采取渐进性的梯次式批评；对于争强好胜、头脑灵活、反应敏捷、接受能力强的人，宜采用提示性的批评；对于员工所犯错误与领导布置工作要求过高、脱离实际、指导不力有关时，宜采取自责式批评，在自我批评的同时，达到教育别人的目的。除此之外，批评的方式还有很多，诸如先扬后抑的褒贬兼容式批评，参照性的对比衬托式批评，沉默性的“冷处理”式批评等，都是已被实践证明了的行之有效的批评方式。对于这些方式，要结合实际，区分不同对象，灵活运用，切不可机械地照搬照抄。

（4）批评要把握分寸，坚持以理服人，以情感人。对员工的批评不仅有质的规定性，而且还有量的规定性，是质和量的统一。一旦批评超出了一定的限度，也就是说超出了某个“临界点”，那么批评就会走向反面，起到相反的效果。从心理学的角度来讲，人人都有被别人尊重的需要，每个人都希望得到他人的关心和爱护，哪怕是犯了错误的同志也同样如此。康乐部门的性质决定在工作中不可避免地要碰到落伍者，而要改变落伍者的态度，批评固然不可少，但批评本身并不重要，重要的是如何通过批评让对方真心实意地改正错误。这需要康乐部主管具有宽广的胸襟，要将心比心，设身处地地为对方着想，通过真诚和理解去温暖被批评者的心灵，用爱护和体贴去换取被批评者的信任。同时，批评的语言要讲究分寸，要有“温度”，要拉近与被批评者的距离。“良言一句三冬暖，恶语伤人六月寒。”真正富有感染力、穿透力的批评，不是伤害被批评者心灵的“刑具”，也不是为了让对方尴尬和无地自容，而是要更好地借助感情的力量，使批评的语言成为一种催人奋进的激励因素，顺利地进入被批评者的心灵之中，使其自觉自愿地接受，从而达到改正错误、克服缺点的目的。

二、对员工行为的强化管理

1. 强化管理的含义

强化理论是美国的心理学家和行为科学家斯金纳、赫西、布兰查德等人提出的一种理论。斯金纳等所倡导的强化理论是以学习的强化原则为基础的关于理解和修正人的行为的一种学说。员工行为的强化管理，从其最基本的形式来讲，指的是对员工某种行为的肯定或否定的后果（报酬或惩罚），它至少在一定程度上会决定这种行为在今后是否会重复发生。根据强化的性质和目的可把强化分为正强化和负强化。

在管理上，正强化就是奖励那些组织上需要的行为，从而加强这种行为；负强化就是惩罚那些与组织不兼容的行为，从而削弱这种行为。正强化的方法包括奖金、对成绩的认可、表扬、改善工作条件和人际关系、提升、安排担任挑战性的工作、给予学习和成长的机会等；负强化的方法包括批评、处分、降级等，有时不给予奖励或少给奖励也是一种负强化。

2. 强化管理的具体应用及行为原则

（1）经过强化的行为趋向于重复发生。所谓强化因素就是会使某种行为在将来重复发生的可能性增加的任何一种“结果”。例如，当按摩师的按摩手法受人称赞时，就增加了这种行为重复发生的可能性。

（2）要依照强化对象的不同采用不同的强化措施。康乐部员工的年龄、性别、职业、学历、经历都有不同，这就决定了其需要不同，因此，强化方式也应不同。如有的人更重视物质奖励，有的人更重视精神奖励，应区分情况，采用不同的强化措施。

（3）小步前进，分阶段设立目标，并对目标予以明确规定和表述。对于人的激励，首先要为其设立一个明确的、鼓舞人心而又切实可行的目标，只有目标明确而具体时，才能对其进行衡量和采取适当的强化措施。同时，还要将目标进行分解，分成许多小目标，完成每个小目标时都及时给予强化，这样不仅有利于目标的实现，而且通过不断的激励可以增强信心。如果目标一次定得太高，会使人感到不易达到或者说能够达到的希望很小，这就很难充分调动人们为达到目标而努力的积极性。

（4）及时反馈。所谓及时反馈就是通过某种形式和途径，及时将工作结果告诉执行者。要取得最好的激励效果，就应该在行为发生以后尽快采取适当的强化方法。如果主管不注意这种行为，这种行为重复发生的可能性就会减小以致消失。所以，必须利用及时反馈作为一种强化手段。强化理论并不是操纵职工，而是使职工有一个较好的机会在各种明确规定的备择方案中进行选择。

对强化理论的应用，要考虑强化的模式，并采用一整套的强化体制。

3. 建立强化模式

主要由“前因”“行为”和“后果”3个部分组成。

“前因”是指在行为产生之前确定一个具有刺激作用的客观目标，并指明哪些行为将得到强化，如酒店规定确保康乐场所卫生安全，服务过程无投诉。

“行为”是指为了达到目标的工作行为。如美容师需明确哪些不该做，哪些该做，应该怎样做，以便更好地为顾客服务。

“后果”是指当行为达到（或未达到）目标时，给予奖励（或惩罚），以求控制职工的规范行为。

4. 员工行为强化管理

在酒店康乐管理中，应用强化理论来指导安全工作，对保障安全服务的正常进行可起到积极作用。在实际应用中，关键在于如何使强化机制协调运转并产生整体效应，为此，应注意以下 5 个方面：

（1）应以正强化方式为主。在酒店中设置鼓舞人心的服务目标，注意将酒店的整体目标和员工个人目标、最终目标和阶段目标相结合，并对在完成个人目标或阶段目标中作出明显绩效或贡献者，给予及时的物质和精神奖励（强化物），以求充分发挥强化作用。

（2）采用负强化（尤其是惩罚）手段要慎重。负强化应用得当会促进工作，应用不当则会带来一些消极影响，可能使人由于不愉快的感受而出现悲观、恐惧等心理反应，甚至发生消极对抗性行为。因此，在运用负强化时，应尊重事实，讲究方式、方法，处罚依据准确、公正，这样可尽量消除其副作用。将负强化与正强化结合应用一般能取得更好的效果。

（3）注意强化的时效性。强化的时间对于强化的效果有较大的影响。一般而言，及时强化，可提高安全行为的强化反应程度，但须注意及时强化并不意味着随时都要进行强化。不定期的非预料的间断性强化，往往可取得更好的效果。

（4）因人制宜，采用不同的强化方式。由于人的个性特征及其需要层次不尽相同，不同的强化机制和强化物所产生的效应会因人而异。因此，在运用强化手段时，应采用有效的强化方式，并随对象和环境的变化进行相应调整。

（5）利用信息反馈增强强化的效果。信息反馈是强化人的行为的一种重要手段，尤其是在对目标进行强化时，定期反馈可使职工了解自己参加工作的绩效及其结果，既可使职工得到鼓励，增强信心，又有利于及时发现问题，分析原因，改正不当行为。

三、康乐部员工常用管理表单

1. 口头警告书

使用程序：员工普通违规 3 次或直接违反本书的中等规定一次，部门主管可以签发本书给该员工，然后递交部门经理批阅后转交人事部门，存入员工个人档案纪律执行记录中。

2. 犯规通知书

使用程序：员工签口头警告书 3 次或直接触犯本书的重要规定一次，部门主管可以签发本书给该员工，然后递交部门经理批阅后转交人事部门存入员工个人档案纪律执行记录中。

3. 解雇通知书

使用程序：员工签犯规通知书 3 次或直接触犯本书的非常严重的规定一次，

部门经理可以签发本书给该员工，然后递交部门总监批阅后转交人事部门存入员工个人档案纪律执行记录中，并由人事部经理约见违纪员工，了解情况，跟该员工办理工资结算以及交还公司物件手续等。

4. 辞职通知书

使用程序：员工根据自己辞职原因，填写一份书面申请书交部门经理。部门经理约见员工了解情况，同意后签发本书给员工签名，连同辞职信一起递交给人事部。根据辞职日期由人事部门为该员工办理辞职手续，然后把表格存入个人档案。

5. 员工评估表

使用程序：部门经理每3个月根据员工的工作表现填写此表，使评估的员工了解自己的工作表现。签发后递交人事部门存入个人档案，并且以此表作为员工的工资浮动、升降职位的依据。

6. 员工提升表

使用程序：部门经理根据管理级的提议和对员工工作能力、表现的审核，签发本表递交部门总监批阅。部门总监约见员工谈话，同意后递交人事部门存入个人档案。人事部门根据升职日期签发一份员工升职书给该部门经理。

7. 员工每周排班表

使用程序：由部门经理根据工作所需要的员工人数作一周的上班或休息时间安排。部门经理批准后张贴员工通知栏。每月最后一天集中所有本表做每月的考勤总表。

8. 员工每月考勤总表

使用程序：部门经理每月第一天把上月的员工签到记录和员工每周排班表集中统计、汇总形成员工出勤报告，经部门总监批准，然后上交人事部门。

9. 假期申请表

使用程序：员工根据自己的年假、事假、病假填写本表之后递交部门经理。3天以内由部门经理批准，如果3天以上，必须在部门经理批准后，再递交部门总监批准才生效。此表需递交人事部存档。